미셔널 처치를 꿈꾸라

양춘길 지음

미셔널 처치를 꿈꾸라

초판발행 | 2022년 1월 14일
발행처 | 국민일보
등록 | 제1995-000005호
주소 | 서울 영등포구 여의공원로 101
전화 | 02-781-9870
홈페이지 | www.kmib.co.kr

ISBN 978-89-7154-350-4 (03230)

미셔널
처치를
꿈꾸라

추천의 글

목회는 쉽지 않습니다. 인간의 삶과 영혼을 돌보는 사역이기 때문입니다. 이민교회 목회는 더 어렵습니다. 타 문화권을 살아가는 사람들이 대상이기 때문입니다.

필그림선교교회는 양춘길 목사님이 맨손으로 맨땅에서 시작한 교회입니다. 그런데 그 교회가 미국 동부 지역의 대표적 이민교회로 성장했습니다. 땀과 눈물, 헌신과 비전 그리고 하나님의 은혜로 일궈 낸 기적입니다.

필그림선교교회는 성경대로 믿고 복음의 정도를 지키기 위해 모든 물량적 조건을 포기했습니다. 쉽지 않은 결단을 내린 것입니다. 그리고 고난의 언덕을 넘어선 후 더 큰 은혜와 복을 받았습니다.

교회마다 선교를 이야기합니다. 하지만 선교가 말처럼 쉬운 것은 아닙니다. 더욱이 선교적 교회를 구현하는 것은 두말할 나위가 없습니다. 그만큼 장애의 벽이 두껍습니다. 그런데 필그림교회는 교회 이름을 필그림선교교회로 바꿨습니다. 주님의 지상명령인 선교를 교회 현장에 접목하고 실현하기 위해 결단을 내린 것입니다. 그것은 양춘길 목사님의 탁월한 리더십과 성도들의 공감과 합심이 일궈낸 거룩한 열매입니다.

한마디로 필그림선교교회는 아름답고 멋진 교회입니다. 선교적 교회란 선교사를 보내는 차원을 넘어 교회가 선교 공동체가 되는 것입니다. 다시 말하면 교인들이 삶의 현장에서 선교적 삶을 사는 것입니다. 이 사역을 필그림선교교회는 절묘하게 펴 나가고 있습니다. 그리고 컨트롤 타워에는 양춘길 목사님이 우뚝 서 있습니다.

'미셔널 처치를 꿈꾸라', 이 저서는 그동안의 사례들과 비전을 한데 묶은 책입니다. 선교적 교회로 가는 길잡이, 모범 답안이 되기에 넉넉한 글들입니다. 역사와 환경은 가변 차선과 같습니다. 그 변화를 앞지르고 이끄는 예지와 결단이 필요합니다. 선교를 대하는 인식도 변해야 합니다. 선교적 사명은 선교사 파송과 함께 나도 선교사라는 자각과 결단이 어우러져야 합니다.

'미셔널 처치를 꿈꾸라'는 선교적 교회의 사명과 과제, 현장과 비전을 밝히는 등불이라 여겨 기쁨으로 추천합니다.

박종순 목사 (충신교회 원로목사, 대한예수교장로회 통합 총회장, 한국세계선교협의회 이사장)

고인 물은 썩습니다. 그 안에 아무리 크고 좋은 물고기가 많이 있어도 썩는 물로 인하여 그것들도 다 죽게 됩니다. 교회가 성장 위주로 살아 고인 물이 되어 왔습니다. 몇 명이 모이느냐를 목회의 성공 여부를 가늠하는 척도처럼 여겨 왔습니다. 그러나 개교회 중심의 '집단 이기주의'에 빠져 썩어 가는 교회는 그 안에 있는 생명도 죽어 갔습니다. 교회가 스스로 위기를 자초하였습니다.

성경은 몇 명이 모이느냐가 아니라 얼마나 생명 있는 그리스도인들이 삶 속으로 소금과 빛이 되어 계속 파송받아 나가느냐가 교회의 본질이라고 선포합니다. 내가 얼마나 많은 축복을 받았느냐가 아니라 내가 얼마나 축복의 통로가 되고 복의 근원이 되어 살아가느냐가 관건입니다.

이런 위기를 철저히 인식하고 성장에 성장을 거듭한 한 대형 교회를 선교적 교회로 과감히 방향 전환하여 이끌어 가는 신선한 목회자가 있습니다. "미셔널 처치를 꿈꾸라"의 저자 양춘길 목사입니다. '미처꿈'은 교회의 본질 회복에 미친 한 목회자의 삶과 목회의 방향 전환 고백입니다. 베스도 총독이 예수 때문에 미쳤다고 지적한 사도 바울 같은 목사, Paul Yang, 양춘길 목사는 나와 프린스턴 신학대학원에서 만나 지난 30여 년 동안 서로가 서로를 영적으로 도전하고 충전시켜 주는 친구요 선교의 동역자로 살아 왔습니다.

처음 만나는 분들은 양춘길 목사의 온유하고 겸손한 인격에 금방 가까워집니다. 그러나 양 목사와 강산이 3번 이상 바뀌는 세월을 친구로 지내면서 친구를 향한 존경심이 우러나게 된 진정한 이유가 있습니다. 그의 부드러움 속에 감춰져 있는 주님의 몸 된 교회의 본질 회복을 위한 갈망입니다. 처절하리만치 외롭고 고독한 '결정과정'(decision making process)인 주님과의 독대를 통하여 과감하고 냉정하게 '내 뜻대로 마옵시고 아버지의 뜻이 이루어지기를 원합니다'라며, 가진 것을 모두 잃어도 과감하게 주님을 얻고 주님에게 순종하기를 결단하는 사람이기 때문입니다. 양춘길 목사는 예수님과 주님의 교회 본질 회복에 미친 '온유한 광인'입니다.

하여, 주님의 부르심에 순종한 양춘길 목사의 '미쳐꿈'은 교회 본질 회복을 진심으로 원하는 목회자와 모든 그리스도인들이 심각하게 정독하여야 할 필독서입니다. '미쳐꿈'을 통하여 나 자신과, 가정과, 그리고 주님의 교회가 주님이 원하시는 '선교적인 교회'로 변화받을 때 주님께 영광 돌리며 살아가는 보람과 희열과 감사가 넘칠 것입니다. 일독을 강추합니다.

호성기 목사 (필라안디옥교회 담임, 세계전문인선교회(PGM) 국제대표)

양춘길 목사님과 필그림선교교회 공동체가 함께 사역했던 믿음의 이야기들이 책으로 출간된 것을 하나님께 감사드리며 축하의 말씀을 전합니다.

저와 양춘길 목사님은 2018년부터 좋은 교제를 나누는 귀한 믿음의 동역자입니다. 목사님과 처음 만나 선교적 교회를 향한 비전을 나누며 가슴이 뛰었던 기억이 새롭게 떠오릅니다. 2019년 미국 뉴저지에서 '선교적 교회 콘퍼런스'를 진행했을 때도 그랬지만, 제가 미국을 방문할 때마다 양 목사님의 선교적 교회를 향한 열정과 사역의 이야기로부터 늘 새로운 통찰을 얻습니다. 목사님과 교회의 이야기를 들을 때마다 '하나님께서 이렇게 일하고 계시는구나' 하는 기쁨이 제 마음에 찾아왔던 기억이 있습니다. 이제 그 이야기들을 이렇게 책으로 만나 볼 수 있게 된 것은 한국과 미국의 교회들에게 큰 축복이 될 것입니다.

선교적 교회, 그리고 선교적 삶은 특정한 교회나 성도들만을 향한 특별한 부르심이 아닙니다. "그러므로 너희는 가서 모든 민족을 제자로 삼아 아버지와 아들과 성령의 이름으로 세례를 베풀고", 마태복음 28장 19절의 말씀은 이 땅 위에서 살아가는 모든 하나님의 자녀들을 향한 부르심입니다. 이 말씀처럼 성도들이 그리스도의 제자가 되어 선교적 삶을 살아갈 수 있도록 하려면 선교적 교회가 그 모태가 되어야 합니다.

제가 섬기고 있는 만나교회도 "교회란 이 시대에 어떤 존재이어야 하는가? 교회를 향한 하나님의 뜻이 무엇인가?"를 끊임없이 물으며 선교적인 사명을 감당하기 위해 함께 노력하고 있습니다. 교회가 이 땅에 소망이 되기 위해, 하나님의 사랑과 복음을 품은 자들이 모여 있는 것에 만족하지 않고 흩어져서 선교적인 삶을 살아내는 꿈을 꾸고 있습니다.

선교적 교회를 꿈꾸며 이 땅에 하나님 나라의 소망을 세워 가기를 다짐하는 모든 교회, 목회자들과 성도들에게 이 책을 추천합니다.

김병삼 목사 (만나교회 담임, 사단법인 월드휴먼브리지 대표, 국민문화재단 이사)

선교적 교회를 꿈꾸는 모든 개인과 교회 공동체에게 가장 먼저 추천하고 싶은 책이 나왔습니다. 이제까지 많은 이론서가 나왔지만 이처럼 손에 잡히고 실감 나는 현장 이야기를 담은 책은 많지 않았습니다. 이 책 '미셔널 처치를 꿈꾸라'는 바로 그 지점에서 선교적 교회 이론이 어떻게 세상 속에서 구체화될 수 있는지를 명쾌하게 보여 줍니다.

무엇보다 본질과 사명에 충실하고자 거칠고 힘든 길을 기꺼이 선택해 왔던 필그림선교교회는 그 자체가 선교적입니다. 이민 교회의 성장 신화를 써 가던 중 복음의 진리 수호를 위해 수천만 불의 교회 건물을 과감히 포기했던 결단으로부터, 한 사람 한 사람을 그리스도의 제자로 키우고 일상의 선교사로 만들기 위해 모든 것을 바친 양춘길 목사님의 리더십, 그리고 거친 광야 길을 기꺼이 함께 걸어왔던 성도님들의 거룩한 순종이 모여 이토록 아름다운 이야기를 만들었습니다. 책을 읽는 내내 독자들은 하나님의 선교에 교회 공동체가 전적으로 헌신하게 될 때 경험할 수 있는 최고의 장면들을 보게 될 것입니다. 그리고 그 감동과 감격으로 다시 일어나 세상을 향해 나아갈 힘과 용기를 얻게 될 것입니다.

무엇보다 이 책이 코로나19로 인해 힘겨운 이 시점에 나오게 된 것이 다행이라 생각됩니다. 모두가 고통과 절망을 외치고 있는 이때, 선교적 정체성과 소명감을 발견한 성도들이 모인 교회가 보여주는 자기 고백은 복음의 능력이 여전히 살아 있음을 보여주는 상륙한 메시지입니다. 이 책을 읽고 나누십시오. 더 깊이 묵상하고 더 많이 토론하십시오. 이 과정을 거치는 개인과 공동체마다 굳어진 심장이 다시 뛰고 열정이 솟아나는 회복이 일어날 것입니다. 그로 인해 전 세계 디아스포라 교회들과 한국의 교회들이 '미셔널 처치'의 꿈을 꾸고, 역동적인 하나님 나라 운동이 일어날 것을 기대하며 이 책을 여러분 모두에게 추천합니다.

이상훈 교수 (America Evangelical University 총장, MiCA 대표 디렉터,
리폼처치, 리싱크처치 등의 저자)

목차

추천의 글 • 4

들어가는 글 • 15

1. **위기를 통해 주신 비전**
   '교회 이대로는 안 된다' 위기의식 가져야 새로운 비전 열린다 • 20

2. **코로나19와 선교적 삶**
   코로나19 퍼지자 마스크 · 응원 카드 제작, 뉴저지에 사랑과 위로 전해 • 26

3. **보냄을 받은 예수 공동체**
   "아버지께서 나를 보내신 것같이 나도 너희를 보내노라" • 34

4. **주님의 마음으로**
   지극히 소외된 이웃을 섬기는 게 우리의 땅끝 사역 • 42

5. **성경의 명령에 기초하라**
   예수님이 주신 소명 따라 지역사회에 선한 영향력 전파 • 48

6. **누군가 당신을 필요로 한다**
   지역사회를 그리스도 사랑으로 섬기는 '네이버 플러스' • 56

7. **미셔널 라이프의 기쁨**
   낮은 곳에서 절대 주리지 않는 '생명의 떡' 나누다 • 62

8. **선교적 삶 사는 헌신자들**
   나와 아무런 관계 없는 사람, 어떻게 사랑할 수 있을까 · 68

9. **교파 초월 협력자들**
   섬김의 궁극적 목적… 교회 성장 아닌 하나님 나라 확장 · 74

10. **여성도들 헌신적 섬김**
    물건뿐 아니라 하나님 사랑까지 유통하는 '맘스미션' · 80

11. **봉사가 주는 영적 재충전**
    "비우고 더 낮아지니 참 사랑·축복의 통로가 되었다" · 86

12. **제3의 인생 사는 실버선교회**
    나를 향하신 하나님의 목적 깨달아야 가치있는 인생 · 92

13. **영원을 향한 영광의 달음질**
    실버 선교사, 은퇴 후 주님께 영광 돌리는 가장 복된 삶 · 98

14. **하나님 나라 꿈꾸는 연합 운동**
    하나님 나라 세우기가 우선… 경쟁 대신 협력·동역으로 · 104

15. 비교·경쟁서 협력과 연합으로
교단·교파 초월 하나님 나라 확장하는 '미셔널 공동체' • 110

16. 흩어지는 사람들
복음과 함께 지역사회로, 타국으로 흩어지는 것이 미셔널 라이프 • 116

17. 자녀들과 함께하는 미셔널 라이프
믿음의 가정서 선교적 교회 이끌어갈 내일의 리더 양육 • 122

18. 선교적 삶의 본보기
말 이전에 선한 삶… 부모의 언행 불일치는 자녀 인성에 해악 • 128

19. 일상 속 미셔널 라이프
일터·학교 등 일상이 선교지… 삶의 패턴을 선교적 삶으로 바꿔라 • 134

20. 미셔널 처치로 리포커싱
개교회 중심에서 하나님의 나라 중심으로 리포커싱 하라 • 140

21. 지도자가 먼저 변해야 한다
하나님이 일하시는 방법 따라 이끄는 '선교적 리더십' 갖추라 • 146

22. **나부터, 우리 교회부터**
    어려울수록 남 탓 말고 자신 먼저 희생하며 복음 실천해야 • 154

23. **코로나19, 변화의 촉매제**
    코로나 팬데믹에 온라인 사역 · IT 선교는 선택 아닌 필수 • 160

24. **우선순위 재정렬**
    리더는 선교하는 삶의 모범으로 성도가 리더 되도록 인도해야 • 166

25. **성령이 너희에게 임하시면**
    성령 도움으로 하나님 나라 확장… 선교하는 삶의 사명 • 172

나가는 글 • 180

들어가는 글

필그림선교교회의 주일예배는 '하행일' 영상으로 시작합니다. 지난 한 주일 동안에 교회 안팎에서 있었던 사역과 행사들을 간추린 3분 길이의 영상을 간단한 해설과 함께 예배에 참석한 회중에게 보여주는 것입니다. 우리 가운데, 또 우리를 통해서 '하나님께서 행하신 일'로 인하여 감사와 찬양을 주님께 드리며 예배를 시작하기 위한 목적입니다.

이 책의 내용은 하행일의 영상과 같은 의도와 목적을 가지고 쓴 글들입니다. 2020년 코로나19 팬데믹으로 전 세계가 불안과 두려움에 휩싸여 있을 때 국민일보의 백상현 기자로부터 원고 청탁을 받았습니다. '미셔널 처치를 꿈꾸라'는 주제 아래 매주 연재로 신문에 낼 글을 써 보내는 것이었습니다. 필그림교회가 2017년 말에 미국장로교(PCUSA) 교단을 탈퇴하는 과정에서 교회 건물과 내부 시설, 교회 이름과 은행 계좌 모두를 빼앗긴 사정을 기사화하여 많은 교회와 성도들로부터 위로와 격려를 받게 해 준 국민일보에 늘 고마운 마음을 갖고 있었던 터라 기꺼이 승낙하였습니다. 15회 연재를 예상하고 시작한 것이 25회로 늘어났고 이번에 그 글들을 모아 책자로 발간하게 된 것입니다.

'교회 이대로는 안된다 – 위기의식 가져야 새로운 비전 열린다'의 첫 번째 글에는 필자가 개척한 필그림교회와 함께 담임목사로서 겪었던 위기에 대해 간략하게 언급하였습니다.

"첫 번째 위기는 1997년 11가정이 함께 필그림교회(Pilgrim Church)를 개척할 때였습니다. 그 다음은 2017년 2000명의 성도와 함께 동성애자 목사안수와 동성결혼을 허용한 미국장로교(PCUSA)를 탈퇴하면서 교회 건물을 잃고 필그림선교교회(Pilgrim Mission Church)로 재출발할 때였습니다."

뒤이어 계속 원고를 쓰면서 더욱 분명하게 깨달아진 것은 하나님은 위기 상황들을 통해 미셔널 처치를 꿈꾸게 하셨고, 작게나마 실천할 수 있는 변화와 열매를 보게 하셨다는 점입니다.

흥미로운 것은 이 책에 담긴 글들 또한 코로나19 팬데믹의 위기 가운데 쓰게 하신 것입니다. 코로나가 아니었다면 평상시 바쁜 목회 일정으로 인해 25회에 걸쳐 글을 쓸 수 있는 시간적 여유를 마련하기는 불가능했을 것입니다.

이 책에는 하나님이 행하신 일들이 수록되어 있습니다. 교회의 울타리를 넘어 지역사회를 섬기는 교회로, 모이는 교회에서 흩어지는 교회로, 교인에서 그리스도의 제자로, 보내는 선교사에서 보냄을 받은 선교사로, 개 교회 성장에서 하나님 나라의 확장으로 나아가는 미셔널 처치로 변화시키시고 이끄신 하나님이 행하신 일들이 담겨져 있습니다. 당시에는 몰랐으나 시간이 지나 돌이켜 보니 많은 일들이 하나님의 선하고 완전하신 섭리 안에 이루어진 것임을 분명히 고백하게 되었습니다. 이 책에 언급된 기관들—네이버플러스, 맘스미션, 디딤돌 아카데미, 뉴저지 실버미션, 러브뉴저지, GUM 선교회는 초교파적으로 연합하여 선교적 사명을 감당하도록 하나님께서 필그림선교교회를 통해 세워 주신 미셔널 기관들입니다. 많은 성도들이 자신들에게 주어진 소명과 은사를 따라 미셔널 라이프를 살도록 하나님께서 만들어 주신 다양한 사역의 플랫폼들입니다.

하나님의 미션(Missio Dei)을 위해 우리를 부르시고 또 보내시는 하나님께 영광을 돌립니다. 때로 어리석고 교만하여 교회의 본분을 망각할 때마다 위기와 시련의 과정을 통해 교회의 본질적인 사명을 회복하게 하신 하나님께 감사를 드립니다. 지금까지 순례의 길을 함께 걸으며, 특별히 '오직 성경'의 신앙을 위해 모든 것을 다 내려놓고 지난 4년 동안 힘든 광야의 여정을 사랑과 믿음으로 함께 걸어 온 필그림의 모든 교우들에게 진심으로 감사를 드립니다.

필그림선교교회와 부족한 저를 위해 사랑과 기도로 힘이 되어 주신 모든 목회자들과 성도들, 특별히 추천의 글을 써 주신 한국의 박종순 목사님과 김병삼 목사님, 그리고 미주의 호성기 목사님과 이상훈 교수님께 감사를 드립니다.

이민자로서 미국 뉴저지에 한 디아스포라 믿음의 공동체를 이루고 살아가는 필그림의 미셔널 이야기가 이미도 미셔널 처치를 꿈꾸며, 하나님이 보내 주신 삶의 영역에서 미셔널 라이프를 사는 모든 교회와 성도들에게 작은 촉매제가 된다면 참 좋겠습니다. 아울러, 교회의 본질적인 사명을 위해 갈등하며 씨름하는 동역자들과 성도들에게 미셔널 처치를 꿈꾸며 믿음의 발걸음을 내딛는 일에 마중물이 될 수 있기를 감히 기대하며 여러분을 초청합니다.

뉴저지 파라무스에서 저자

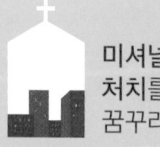

chapter 1

위기를 통해 주신 비전

'교회 이대로는 안 된다' 위기의식 가져야 새로운 비전 열린다

'이게 아닌데'라는 생각과 함께 우리는 크고 작은 위기를 경험힌다. 1987년 미국에서 신학대학원을 졸업하고 지금까지 34년간 이민목회를 하고 있는 나도 마찬가지다. 목회 여정 중 여러 차례 위기가 찾아왔는데, 변화의 분수령이 된 큰 위기도 두 번 있었다.

첫 번째 위기는 1997년 11가정이 함께 필그림교회(Pilgrim Church)를 개척할 때였다. 그 다음은 2017년 2000명의 성도와 함께 동성결혼과 동성애자 목사 안수를 허용한 미국장로회(PCUSA)를 탈퇴하면서 교회 건물을 잃고 필그림선교교회(Pilgrim Mission Church)로 재출발할 때였다.

실제적인 변화에 앞서 '이게 아닌데'라는 위기감이 내 안에 자리 잡기 시작했다. 시간이 지나면서 변화해야 한다는 강박감으로 자라 갔다. 내면에서 시작된 위기의식이 실제적인 비전과 변화로 이어지기까지 내적 갈등, 외적 부딪힘, 변화에 대한 두려움이 몰려왔다. 이와 함께 물리적 심적 영적 고통이 따랐다.

그러나 하나님께서 특별한 방법으로 인도하시며 때를 따라 돕는 은혜를 주심으로 그 위기를 통해 새로운 변화와 비전을 맞게 됐다. 첫 번째 위기는 평신도 사역 중심의 교회 개척의 변화를, 두 번째 위기는 '미셔널 처치'(Missional Church, 선교적 교회)의 새로운 비전을 가져다줬다. 그리고 이 두 가지는 별개의 것이 아니라 미셔널 처치, 미셔널 라이프(Missional life, 선교적 삶)로 우리 교회가 변화되어 나가게 하시는 하나님의 섭리와 점진적 이끄심이었음을 깨달았다.

과거 필그림교회의 양적 성장을 이루는 데 큰 몫을 감당한 평신도 사역이 이제는 교회의 울타리를 넘어 하나님의 나라를 확장하는 미셔널 처치로 나아가는 데 활용되기 때문이다. 미셔널 처치의 꿈은 평신도들의 미셔널 라이프와 사역을 통해 펼쳐지는 하나님 나라의 꿈이다. 다음은 미셔널 라이프를 살며 함께 미셔널 처치의 꿈을 실현하고 있는 몇몇 평신도 사역자들의 이야기다.

K 집사(58)는 15년 전 미국에 온 컴퓨터 프로그래머. 불신자였던 그가 가족과 함께 교회에 나오기 시작한 지는 10년이 채 안 된다. 초신자였던 그에게 또 다른 직업이 생겼다. 5년째 뉴저지와 뉴욕에서 노숙자들을 위한 선교사로 사는 것이다. 자신의 전문직은 이제 선교적 삶의 수단이 됐다. 헌신적인 섬김과 사랑으로 노숙자들과 노약자들을 섬기는 미셔널 소명이 삶의 목적이 됐다. 여러 성도와 업체가 그를 중심으로 팀 사역을 한다. 최근에는 뉴저지의 두 교회가 동역해 뉴욕 맨해튼에서 노숙자 사역이 확장되고 있다.

P 장로(82)는 부인과 함께 교회 중직으로 오랫동안 섬겼다. 시무장로, 교구장, 건축위원장, 중보기도 사역팀장, 일대일 제자훈련 등 교회 내의 많은 사역을 맡아 충성을 다해 봉사했다. 시무장로의 임기를 마치면서 그의 사역 현장은 지역사회로 옮겨졌다. 네이버 플러스(지역사회 봉사기관)와 뉴저지 실버선교회에 헌신해 수년간 섬김의 리더십을 발휘하고 있다. 그는 19년 전 실버선교회를 발족하고 오늘날까지 실버 선교사로서 미셔널 라이프를 살고 있다. 뉴저지에서 800여 명의 실버선교훈련 수료생들을 배출하고, 40여 명의 실버 선교사를 해외로 파송하는 데 중추적 역할을 감당했다. 실버선교회를 중심으로 많은 실버들이 교회의 울타리를 넘어 은퇴 후 미셔널 라이프를 살아가고 있다.

여집사들이 중심이 돼 운영하는 맘스미션(Mom's Mission)도 있다. 각 가정과 사업체에서 기부받은 물건을 저렴한 가격으로 팔아서 지역의 어려운 주민을 섬기는 사역이다. 여기에서 나오는 모든 수익금은 구제, 장학사업, 선교 지원에 쓰인다. 20여 명의 40~50대 여성들이 자원해 맘스미션을 운영하며 미셔널 라이프를 살아간다.

그 외에도 싱글맘을 섬기는 K 권사, 여성보호 쉼터를 섬기는 C 집사, 히스패닉 노숙자들을 섬기는 S 집사, 호스피스 사역을 하는 Y 장로, 영어와 직업 교육을 하는 J 집사, L 집사 등 많은 성도가 가정과 봉사기관, 직장과 일터에서 흩어진 미셔널 처치로 살고 있다. 그들 주위에는 자원해서 그들의 사역에 동참해 선교적 삶을 함께 사는 성도들이 모여들고 있다.

한국과 미국의 교회들이 위기에 처해 있는 오늘날, 이와 같은 평신도를 볼 때마다 미셔널 처치의 꿈은 점점 더 커져만 간다. 오랫동안 보내는 선교사로 살아온 교회의 성도들이 이제는 우리도 하나님의 보내심을 받은 선교사요, 우리가 살아가는 삶의 영역이 우리의 제1선교지라고 하는 정체성과 소명감을 갖고 미셔널 라이프를 살아갈 때 교회는 하나님의 나라를 확장시켜 나가는 미셔널 처치로 든든히 세워져 가게 될 것이다.

'교회가 이대로는 안 된다'는 위기의식과 함께 미셔널 처치의 비전을 갖게 하신 하나님께 감사드린다. 자신이 있는 자리에서 미셔널 처치로서 살아가는 많은 성도를 통해 교회의 밝은 미래를 바라본다.

● 미국 히스패닉 노숙자들이 2017년 7월 필그림선교교회와 지역 교회 성도들의 도움으로 뉴욕 롱아일랜드에서 수련회를 갖고 있다.

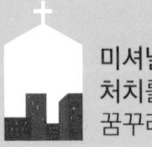

chapter 2

코로나19와 선교적 삶

코로나19 퍼지자 마스크 · 응원 카드 제작, 뉴저지에 사랑과 위로 전해

선교적 삶은 선교적 마음가짐에서 비롯된다. 누가 시켜서가 아니고, 교회의 사역이라는 의무감에서 하는 것도 아니다. 선교사적 사명감이 우러나와 어려운 이웃에게 그리스도의 사랑을 실천하며 예수 복음을 삶으로 살아내는 것이다.

신종 코로나바이러스 감염증(코로나19)으로 인해 극심한 어려움을 겪고 있을 때, 미국 필그림선교교회 성도들은 '교회의 본질은 미셔널 처치가 되는 것'이라는 믿음으로 지역사회 곳곳에서 활발하게 섬기며 선교적 삶을 실천했다

코로나19가 미국 뉴저지에 퍼지자 성도들이 가장 먼저 한 일은 '사랑의 마스크 만들기'였다. 성도 26명은 제작, 포장, 배달 등 조직적으로 팀을 만들어 2개월간 8700장의 마스크를 재봉틀로 제작해 취약계층, 독거노인, 병원에 전달했다. '사랑의 마스크 사역'에 동참한 K 집사는 이렇게 고백했다.

"마스크를 통해 생명을 살릴 수 있다는 일념으로 피곤함도 잊은 채 제작에 심혈을 기울였습니다. 다른 집사님이 만든 마스크를 받아 말씀 구절과 여분의 필터, 마스크를 포장하면서 이렇게 기도했습니다. '하나님, 이 마스크를 받는 사람마다 주님의 은혜가 임하기를 기도합니다.' 천이 떨어지면 그다음 날 천 기부가 들어오고, 고무줄이 떨어지면 또 그다음 날에 고무줄 기부가 들어왔습니다. 나눔은 나눔을 낳고, 섬김은 섬김을 낳는 오병이어의 기적을 보았습니다."

또한 '소망의 텃밭' 사역이 시작됐다. 감염자 가족이나 외출을 두려워하는 주민에게 '소망의 텃밭'에서 나온 상추, 부추, 파 등을 전달하는 사역이었다. 단순히 채소를 전달하는 수준을 넘어 그들을 위로하고 그들의 정서적 안정을 돕기 위해서였다. 이 사역을 통해 83가구에 소망의 채소를 공급했다.

성도 23명이 재활용품을 사용하며 친환경 사역을 펼쳤다. 상자 만들기, 표식 만들기, 모종 키우기, 흙과 컨테이너 제공, 배달 등으로 팀 사역을 하고 있다. 이 사역에 참여한 S 집사는 이렇게 이야기했다.

"아내가 '사랑의 마스크'를 만들면 옆에서 포장했습니다. 그런 제게 '소망의 텃밭'은 새로운 도전의 기회가 됐습니다. 봄이 되면 조그만 텃밭을 일궈 보겠다고 준비한 상추 등 채소 모종을 사랑의 도구로 활용할 수 있게 됐습니다. 언제 코로나바이러스를 극복할 수 있을지 우리는 알지 못합니다. 하지만 초유의 위기 상황에서도 주님께선 우리를 사랑하시며 새 소망으로 넉넉히 채워 주심을 경험케 하셨습니다."

'믿음의 엽서 사역'도 진행되었는데 그것은 의료진으로 일하는 성도들이 하나님의 말씀과 복음 메시지가 담긴 수제 카드를 환자에게 전달하는 것이었다. 현재까지 200장 이상 전달됐고, 퇴원하는 환자들에게 성경책을 선물하며 주변 교회에 연결시켜 주었다. 교회 어린이들도 엽서 제작에 참여하면서 가족 단위로 의미 있는 시간을 보내며 섬겼다.

뉴욕 맨해튼 병원에서 간호사로 일하며 '믿음의 엽서 사역'에 동참한 L 집사의 간증이다.

"목사님께서 강조하시는 '전 교인의 선교사화'와 지금 있는 그 자리에서 선교하라는 '히어 앤 나우'(Here and Now)의 정신으로 병원에서 일하고 있었습니다. 매일 여러 명의 환자가 코로나19에 감염돼 사망하는 것을 지켜보면서 저 역시 불면증에 걸릴 만큼 두려움이 컸습니다. 하지만 저보다 더 두려워하고 고통스러워하는 환자를 보면서 그들을 위해 뭔가를 하고 싶었습니다. 놀라운 것은 복음엽서로 전도할 때마다 우울하고 소망이 없어 보이던 환자들의 눈에 생기가 다시 돌며 얼굴에 큰 미소가 번지기 시작했다는 사실입니다. 기도가 담긴 복음 카드를 전할 때 성령님께서 그들의 영혼을 만지시는 것을 봤습니다. 말씀에 감격해 눈물을 흘리며 '내가 당신을 안아줘도 되느냐'(Can I hug you?)고 물어보는 환자도 여럿 있었습니다."

한 고등학생은 '나이팅게일 격려 사역'을 시작했다. 매일 수제 마카롱과 카드를 만들어 교회 의료인들을 통해 병원에 전달한 것이다. 현재까지 190팩(1팩에 마카롱 4개)을 감사카드와 함께 제공했다. 이를 전달받은 의료진들은 큰 격려와 힘이 됐다며 감사의 인사를 전해 왔다.

이 학생은 "의료진들이 힘들게 코로나 환자들을 돌보고 있는 동안 병원 밖에서 누군가 그들을 위해 기도하며 함께하고 있다는 것을 마카롱에 담아서 드리고 싶었어요. 이 고통의 터널이 지나가면 하나님의 은혜로 눈부시게 밝은 소망이 찾아오겠죠"라고 간증한다.

그 외에도, 코로나로 가족을 잃거나 경제적인 어려움을 당한 이웃을 위한 '위로의 음식 사역', 일자리 찾기가 더 힘들어진 히스패닉들에게 손수 만든 음식과 마스크를 전도지와 함께 제공하는 섬김 사역이 수 주째 진행되었다. 또한 지역 주민들에게 정부의 각종 구제 프로그램 신청 방법을 안내하고 후속 조치도 상담해 주는 봉사도 진행되었는데 벌써 연인원 1800여 명을 상담했다.

코로나19라는 어려움 가운데서도 더 어렵고 힘든 이웃을 돌보며 마스크와 음식을 만들고 하나님의 위로와 사랑을 전할 수 있었던 비결은 무엇일까. 저들 안에 하나님이 주신 사랑의 마음, 선교사적 마음이 있었기 때문이다. 미셔널 처치는 어떤 프로그램이나 조직 이전에 하나님의 사랑으로 형성된 성도들의 마음가짐에서 비롯된다.

"그리스도의 사랑이 우리를 강권하시는도다."(고후 5:14)

● 미국 뉴저지주 패터슨시에 위치한 세인트 조셉대학병원 관계자들이 2020년 4월 미국 필그림선교교회가 지원한 '사랑의 마스크'에 감사하며 한국어로 고마움을 표했다.

chapter 3

보냄을 받은 예수 공동체

"아버지께서 나를 보내신 것같이 나도 너희를 보내노라"

'미션 임파서블'이라는 미국 TV 드라마를 재미있게 시청한 기억이 있다. 이 드라마는 항상 그날의 이야기를 시작할 때 슈퍼바이저가 팀원을 부른다. 그리고 "만일 자네가 이 일을 수용한다면, 자네의 미션은 이것이다"라고 설명한다. 그런데 그 미션은 늘 현실적으로 임파서블(impossible, 불가능한)한 것이었다.

예수님께서 그를 따르는 제자들에게 감당하기 힘든, 임파서블한 미션을 주셨다.

"그러므로 너희는 가서 모든 민족을 제자로 삼아 아버지와 아들과 성령의 이름으로 세례를 베풀고 내가 너희에게 분부한 모든 것을 가르쳐 지키게 하라."(마 28:19~20)

그 명령을 주실 때 11명의 제자가 있었다. 그들은 부활하신 예수님을 만났는데 "아직도 의심하는 사람들이 있더라"(마 28:16~17)고 기록돼 있다. 표현은 다르지만, 마가복음 16장 15절에는 "또 이르시되 너희는 온 천하에 다니며 만민에게 복음을 전파하라"고 하셨고, 사도행전 1장 8절에는 "오직 성령이 너희에게 임하시면 너희가 권능을 받고 예루살렘과 온 유대와 사마리아와 땅 끝까지 이르러 내 증인이 되리라"고 하셨다. 인간적으로, 현실적으로 보면 미션 임파서블이 아닐 수 없다.

미셔널 처치란 무엇인가. 보내심을 받은 예수의 공동체다. "아버지께서 나를 보내신 것같이 나도 너희를 보내노라"(요 20:21)고 예수님이 말씀하셨다. 하나님 아버지께서 독생자 예수 그리스도를 세상으로 보내셨다. 부활하신 주님께서 그의 제자를, 오늘 우리를 세상으로 보내신다. 어떤 미션을 위해 보내시는가. 영혼 구원을 통해 하나님 나라를 세우는 미션이다. 그동안 우리는 두 종류의 선교사가 있다고 말해 왔다. '가는 선교사'와 '보내는 선교사'다. 대부분의 교인은 보내는 선교사이고, 가는 선교사는 제한된 몇 사람들이다.

우리 필그림선교교회도 과거 2000명의 보내는 선교사가 25명의 가는 선교사를 이집트, 탄자니아, 일본, 중국, 멕시코, 과테말라 등의 나라로 보냈다. 계속해서 그들에게 기도와 지원을 보냈다.

그러나 새롭게 깨달은 것은 성경은 그렇게 말하고 있지 않다는 것이다. 예수님은 이미 그의 제자인 우리를 이곳에, 지금 우리가 사는 삶의 현장으로 보내셨다. 우리는 이미 하나님의 미션을 위해 보냄 받은 선교사다. 우리가 있는 삶의 영역은 우리의 제1의 선교지다. 보내는 선교사가 따로 있는 것이 아니다. 예수의 제자인 그리스도인은 모두 선교사로 보냄을 받은 사람들이다.

그러므로 우리는 '지금 우리가 있는 곳에서'(Here & Now)라는 미셔널 라이프를 살아가야 한다. 그러한 사람이 모인 예수 공동체가 바로 미셔널 처치인 것이다. 그래서 우리도 해외로 나간 선교사처럼 지역의 사람을 찾아 만나고, 사랑으로 섬기고, 신뢰관계를 형성하고, 때가 되면 예수의 복음을 전해야 한다. 그게 미셔널 라이프다.

성경이 말하는 교회의 정체성은 세상에서 불러냄을 받고 다시 세상으로 보냄을 받은 예수의 사람들이다. 우리 집이 있는 그 지역, 나의 일터, 내가 공부하는 캠퍼스, 우리 교회가 위치한 그 지역으로 주님이 보내셨다. 그러므로 모이는 교회에서 건강하게 흩어지는 교회가 돼야 한다. 우리가 살아가는 삶의 영역이 우리에게 맡겨 주신 선교지라는 사명감을 갖고 살아가야 한다. 그때 하나님이 기뻐하시고, 예수님께서 기대하시는 교회의 참된 모습을 회복하게 될 것이다.

2017년 12월, 필그림선교교회는 동성애를 인정해 동성애자들에게 목사 안수를 주고 동성애자들의 결합을 결혼으로 인정하는 미국장로교단(PCUSA)에서 탈퇴했다. 그 과정에서 교회 건물을 빼앗겼다. 오직 성경대로 살고자 하는 믿음, 건물을 포기할지언정 타협할 수 없다는 결단으로 2000명의 교인이 건물을 두고 광야로 나갔다.

어려운 광야 생활을 하면서 우리는 미셔널 처치로 이끄시는 하나님의 손길을 서서히 깨닫게 됐다. 커다란 건물과 좋은 시설, '이만하면 모든 것을 다 할 수 있다'는 자신감이 있었던 게 사실이다. 더 많은 사람을 끌어모으는 매력적인 교회(Attractional Church)로 몸통을 키워 가던 중 하나님은 그 건물을 거두어 가셨다. 그리고 우리가 사는 지역이 선교지임을 새롭게 깨닫게 하셨다. 이후 우리는 지역사회로 흩어졌다. 주님은 삶의 영역에서 예수의 산증인이 되도록 이끄셨다. 교회는 건물이 아니라 사람이며, 하나님의 선교를 위해 보내심을 받은 예수의 공동체임을 확고하게 고백하도록 이끄셨다.

그런데 영혼구원을 통해 하나님의 나라를 세워 가는 미셔널 처치의 사명을 누가 감당할 수 있겠는가. 사도 바울도 고린도후서 2장 16절에 "누가 이 일을 감당하리요"라고 했다. 이처럼 우리도 우리의 힘과 능력으로 감당할 수 없다. 가서 모든 족속으로 제자를 삼는 미션을 누가 감당할 수 있겠는가. 이것은 미션 임파서블이다.

그러나 주님은 약속하셨다.

"볼지어다 내가 세상 끝날까지 너희와 항상 함께 있으리라."(마 28:20)

하늘과 땅의 모든 권세를 가지신 예수님은 약속하신 대로 성령으로 우리와 함께 계셔서 '미션 임파서블'을 '미션 파서블'로 바꿔 주신다. 미셔널 처치의 꿈은 예수께서 주신 비전이며 오직 예수의 능력으로 가능해진다. 그것이 필그림선교교회의 신앙고백이다.

● 미국 필그림선교교회 성도들이 2018년 10월 미국 뉴저지주 리틀 페리에 있는 맘스미션에서 재활용품을 판매하고 있다.

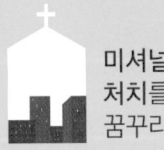

chapter 4

주님의 마음으로
지극히 소외된 이웃을 섬기는 게 우리의 땅끝 사역

2007년 5월 정보기술(IT) 업계의 양대 거장이었던 빌 게이츠와 스티브 잡스가 만났다. 월스트리트저널이 '올 싱스 디지털'(All Things Digital)이라는 주제로 개최한 콘퍼런스에서 두 사람은 차세대 사업주들을 위해 조언해 달라는 요청을 받았다.

그들의 답변에 공통적인 것은 일에 대한 사랑과 열정이었다. 게이츠는 "우리의 비즈니스는 실제로 열정에 관한 것이다(Our business is really about the passion)"라고 했다. 잡스도 "일을 사랑하지 않으면 실패한 것이다. 반드시 일을 사랑하고 그것에 대해 열정을 가져야 한다(If you don't love it, you're going to fail. You've got to love it and you've got to have passion)"고 했다.

두 사람의 인터뷰 기사를 읽으며 성경 구절이 떠올랐다.

"부지런하여 게으르지 말고 열심을 품고 주를 섬기라."(롬 12:11)

자기가 하는 일을 사랑하고 열정적으로 일하는 사람의 모습은 그 자체가 아름답다. 그뿐 아니라, 사랑과 열정 안에서 새로운 아이디어를 산출한다. 창의력과 인내력이 발휘돼 훗날 결실과 지속적인 발전을 가져오게 된다.

미셔널 처치의 꿈을 꾸기 시작하면서 나의 목회 열정과 사랑이 다시 뜨거워지고 있다. 이 꿈을 공유하고 함께 실천하면서 미셔널 처치로서 살아가는 성도들의 미셔널 라이프가 그 열기를 더해준다.

그중 한 사람이 Y 장로(73)다. 그는 교회 안수집사와 시무장로로 섬긴 후 수년간 지역사회 봉사를 통해 미셔널 라이프를 실천하고 있다. 그는 자신의 사역을 "지극히 소외된 우리의 이웃을 섬기는 땅끝 사역"이라고 소개한다. 그는 저소득자들에게 다양한 소셜 서비스 프로그램 정보를 공유하고 서류 작성을 도와준다. 1년에 약1600건을 해결해 주며 그리스도의 사랑을 전한다. 그뿐만 아니라, 호스피스 사역을 통해 말기 암 환자의 외롭고 힘든 삶의 마지막 여정을 하나님께서 주시는 평안과 소망으로 인도한다. 암 환자와 그 가족을 그리스도의 복음과 사랑으로 돌보는 일도 한다. 벌써 여러 환자가 그를 통해 예수를 믿고 병상 세례를 받았으며, 그들의 가족도 교회에 나가는 귀한 열매가 맺히고 있다.

Y 장로는 자신이 이런 삶을 살게 된 동기를 이렇게 설명했다.

"처음 미국에 와서 인상 깊게 들었던 말 중의 하나가 '내가 도와줘도 될까요(May I help you?)'였다. 자동차가 고장이 나서 도로변에 세웠는데 모르는 사람이 지나가다 차를 세우고 다가와 했던 그 말이 30년 지난 지금도 생각이 난다. 그는 자기 차가 고장 난 것인 양 온 마음을 다해 도와줬다. 그 후 나도 차 안에 케이블을 싣고 다니며 필요한 사람한테 다가가 '메이 아이 헬프 유' 하며 도움을 줬다."

이렇게 싹튼 긍휼의 마음으로 2004년 Y 장로가 요양원에서 봉사자로 섬길 때 일이다.

"요양원에서 예배시간에 성경 말씀과 찬송가를 찾아 드리는 봉사를 했습니다. 어느 날 만성질환자를 만났는데, '예수 사랑하심을' 찬송가를 불렀어요. 환자가 눈물을 흘리는데 굵은 눈물방울이 성경책을 붙잡고 있던 제 손에 떨어졌습니다. 참 따뜻한 눈물이었습니다. 나중에 간호사를 통해 알게 됐는데 '예수 사랑하심을' 찬송을 할 때 한국에서 교회를 다니던 생각이 나서 눈물을 흘렸다고 합니다. 그 후 이 환자는 미국 이민 생활을 하면서 잃어버린 예수님을 다시 찾아 예배시간에 빠지지 않고 참석했습니다."

성경은 주리고 목마르고 헐벗고 병들고 옥에 갇히고 나그네 된 지극히 작은 자들을 가리키며 "너희가 여기 내 형제 중에 지극히 작은 자 하나에게 한 것이 곧 내게 한 것이니라"(마 25:40)고 말씀하신다.

그는 뜻하지 않은 육신의 질병으로 생존 추정 기간이 몇 개월 안 되는 암 환자, 만성질환자를 대하면서 이렇게 말했다.

"예수를 영접하지 못한 사람들이 남은 짧은 시간에 영혼 구원, 생명 사랑, 예수 향기를 어떻게 해서든지 체험하게 하고 세례받게 해서 이 땅끝에서 저 천국의 하나님 품으로 보내 드려야 합니다. 그러므로 이 땅끝 사역이 참으로 중요한 사역이라고 생각합니다."

그는 뜨거운 열정과 사랑을 갖고 오늘도 미셔널 처치로 살아간다.

여러 성도가 Y 장로와 함께 팀을 이뤄 소셜 서비스 사역과 호스피스 사역에 동참하면서 선교적 삶을 산다. 여성 쉼터, 요양원, 캠퍼스, 병원, 교도소 등의 어렵고 소외된 이웃을 정기적으로 찾아가 그리스도의 사랑과 복음을 전하는 지역사회의 선교사도 점점 늘어 간다.

미셔널 처치로 살아가는 사람들을 통해 예수를 만나고, 개인과 가정이 변화하며, 함께 살아가는 삶의 환경이 조금씩 새로워지고 있다. 보냄을 받은 사람들이 하나님의 마음으로 이웃을 섬기고 있기 때문이다.(마 22:37~40) 그렇다. 미셔널 처치는 하나님 아버지의 마음(Heart)으로 형성되는 그리스도인의 삶이며, 그들의 공동체를 뜻한다.

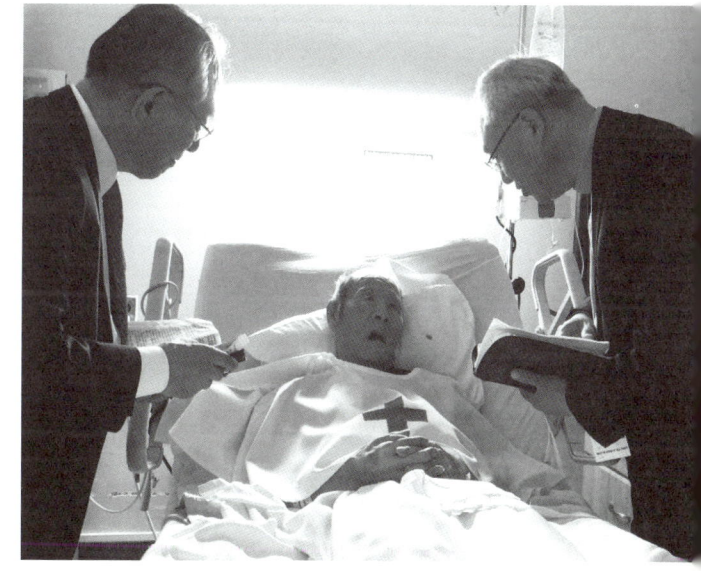

● 양춘길 목사(오른쪽)가 2020년 4월 뉴저지 버겐카운티 한인요양원에서 노인에게 병상 세례를 하고 있다.

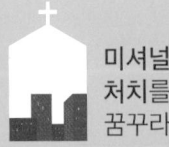

chapter 5

성경의 명령에 기초하라
예수님이 주신 소명 따라
지역사회에 선한 영향력 전파

미셔널 처치의 출발점은 성경이다. 성경은 하나님의 비전, 곧 미셔널 처치의 꿈을 갖게 해 주고, 미셔널 라이프의 핵심 내용을 제시해 준다. 교회를 향한 하나님의 비전과 직결되는 대표적인 말씀 다섯 개가 있다. 미셔널 처치는 이 위대한 말씀을 기반으로 하나님 나라의 꿈을 꾸고 실현된다.

첫째, 예수님의 위대한 약속이다.

"내가 이 반석 위에 내 교회를 세우리니 음부의 권세가 이기지 못

하리라."(마 16:18)

예수님은 음부의 권세 즉, 사탄의 대문(성문)이 그리스도의 교회를 당해 내지 못하고 결국 무너지리라는 승리의 약속을 주셨다. 하나님 나라를 세워 나가는 미셔널 처치 운동은 이 위대한 약속에 기초해 확실한 승리를 꿈꾸며 진행한다.

둘째, 예수님의 위대한 계명이다.

"네 마음을 다하고 목숨을 다하고 뜻을 다하여 주 너의 하나님을 사랑하라 하셨으니 이것이 크고 첫째 되는 계명이요 둘째도 그와 같으니 네 이웃을 네 자신 같이 사랑하라."(마 22:37~39)

예수님께서 주신 위대한 약속을 이루어 가는 근본적인 방법은 이 명령에 순종하는 것이다. 예수께서 친히 이 땅에 육신을 입고 오셔서 십자가의 죽음을 통해 보여주신 그 사랑만이 참 구원과 평화의 하나님 나라를 세우는 길이 된다.

셋째, 예수님의 위대한 위임이다.

"그러므로 너희는 가서 모든 민족을 제자로 삼아 아버지와 아들과 성령의 이름으로 세례를 베풀고 내가 너희에게 분부한 모든 것을

가르쳐 지키게 하라."(마 28:19~20)

예수의 제자가 된 사람들은 주님으로부터 위대한 사명을 위임받았다. 그것은 예수가 필요한 사람들, 구원의 복음이 필요한 사람들을 찾아가는 것이다. 그리스도의 제자로서 사명을 받은 사람들은 삼위일체 하나님의 이름으로 세례를 받고 말씀으로 양육을 받아 삶의 현장으로 보냄 받은 사람들이다. 이들이 곧 미셔널 처치다. 그들은 더 많은 사람이 예수의 제자가 되는 변화를 꿈꾼다. 자기 삶의 영역에서 전도와 양육에 힘쓴다.

넷째, 예수님이 주신 위대한 역할이다.

"오직 성령이 너희에게 임하시면 너희가 권능을 받고 예루살렘과 온 유대와 사마리아와 땅끝까지 이르러서 내 증인이 되리라 하시니라."(행 1:8)

미셔널 라이프는 예수의 산증인 역할을 하는 것이다. 예수가 누구인지, 그가 무슨 일을 했는지 증거해야 한다. 예수가 온 인류의 소망이 되시며 하나님께로 갈 수 있는 유일한 길과 진리, 생명 되심을 담대하게 증거해야 한다. 그것이 산증인의 삶이다. 이때 특정한 교회나 다른 사람을 증거하지 않는다. 오직 예수 그리스도를 증거한다.

초대교회와 같이, 기독교 역사의 많은 순교자와 같이 예수의 증인이 되는 데는 고통과 희생이 뒤따른다. 그러므로 예수님은 우리에게 성령을 보내 주셨다. 그래서 미셔널 처치 운동의 주체는 성령님이시다. 사도행전을 성령행전이라고 말하듯이 진정한 미셔널 처치 운동은 전적으로 성령의 인도하심을 받는 사람들을 통해 진행된다.

다섯째, 예수님이 주신 위대한 소명이다.

"우리는 그가 만드신 바라 그리스도 예수 안에서 선한 일을 위하여 지으심을 받은 자니 이 일은 하나님이 전에 예비하사 우리로 그 가운데서 행하게 하려 하심이니라."(엡 2:10)

하나님은 우리 각 사람을 향한 선하시고 완전한 계획을 갖고 계시다. 하나님의 자녀로 부르실 뿐 아니라, 하나님의 미션(Missio Dei)을 위한 사역자로 우리를 부르신다. 각 사람을 향한 하나님의 분명한 계획과 목적이 있는 것이다. 미셔널 처치는 성도들이 그 소명을 발견하고 지역사회와 선교지에서 예수의 복음과 사랑으로 선한 영향을 끼치도록 하는 교회다. 예수 그리스도 안에 주어지는 새 생명의 축복을 이웃과 나누는 미셔널 라이프를 살도록 양육하고 훈련하는 교회다.

자신이 발견한 소명을 따라 미셔널 라이프를 살아가는 K 권사(69)의 고백이다.

"필그림선교교회에서 하나님의 소명을 받은 대로 각자 있는 곳에서 선교적 삶을 살아야 한다는 교육을 받았습니다. 이후 싱글 엄마 아빠를 돌보는 사역을 시작했습니다. 매주 성경공부를 하고, 한 달에 한 번 혼자 아이들을 데리고 곤고하게 살아가는 싱글 부모와 함께 식사하고 말씀과 기도 후 교제하고 있습니다. 25년간 질병과 싸우다 하늘나라로 간 남편의 병간호를 했습니다. 이제는 아픔과 위로가 필요한 이들을 돌봄으로써 선교적 삶을 살게 하시려는 하나님의 인도하심이 있지 않았나 생각합니다. 코로나19 여파로 생활용품이 동나는 일이 있었습니다. 이런 분위기에서도 각자 받은 구호 물품을 필요한 분에게 나누겠다며 연락해 주시는 분들이 많았습니다. 이것이 진정한 선교적 삶, 하나님이 기뻐하시는 모습 아닐는지요."

미셔널 처치의 꿈과 사역은 사람이 주도적으로 만드는 것이 아니다. 주도성은 위대한 하나님의 말씀에서 나온다. 그리고 말씀이 보여주는 비전이 성도를 미셔널 라이프로 이끈다. 살아 역사하시는 주님이 그의 영으로 이뤄 가시는 것이다. 그래서 미셔널 라이프는 하나님의 선교다.

● 미국 필그림선교교회와 지역 교회들이 2020년 2월 뉴욕에서 개최한 히스패닉 노숙자 수련회에서 노숙자들이 무릎 꿇고 기도하고 있다.

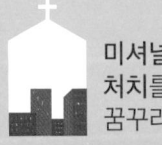

chapter 6

누군가 당신을 필요로 한다

지역사회를 그리스도 사랑으로 섬기는 '네이버 플러스'

세월이 지나 돌아보면 오늘에 이르게 한 작은 시작과 과정이 보인다. 당시에는 훗날의 결과를 미리 내다보며 시작한 게 아니었는데, 지나고 보니 그것이 시작이었고 오늘에 이르게 한 과정이었음을 발견한다. 참 기쁘고 감사한 것은 그 모든 것에 하나님의 섭리와 인도하심이 있었음을 깨닫고 고백하는 것이다. 그중 하나가 오늘 지역사회를 그리스도의 사랑으로 섬기는 '네이버 플러스'(Neighbor Plus)이다.

미국 뉴저지 팰리세이드 파크에 위치한 네이버 플러스에선 어린이

방과 후 프로그램, 청소년 리더십 프로그램, 노인들을 위한 소셜 서비스, 호스피스와 돌봄 사역, 노숙자 사역, 싱글맘 사역, 상담복지 및 직업훈련 등을 한다. 다양한 지역사회 봉사와 프로그램은 미셔널 라이프를 사는 많은 봉사자의 헌신으로 운영되고 있다.

1997년 뉴저지 버겐카운티에 필그림교회를 개척할 때 일이다. 교회를 개척하고 전도를 하는 일이 매우 어려웠다. 미주 한인사회에 교회에 대한 이미지가 그리 좋지 않았기 때문이다. 그래서 내린 결론은 교회에 대한 대대적인 이미지 쇄신이 없다면 전도가 어렵다는 것이었다. '교회가 우리 지역에 있어서 참 좋다'는 생각을 자연스럽게 심어 줘야 했다.

그렇게 시작한 첫 전도 프로그램은 '섬원 니즈 유'(Someone Needs You, 누군가 당신을 필요로 합니다)였다. 25명의 개척 멤버들은 자신이 섬겨야 할 대상자 3명의 이름을 써 넣은 '섬원 니즈 유' 카드를 갖고 다녔다. 그 카드를 볼 때마다 성도들은 사랑으로 섬기며 예수의 복음을 전할 사명이 자신에게 있음을 스스로 상기했다. 그리고 이웃에게 사랑을 베풀고 전도했다. 자연스럽게 지역사회 이웃에 대한 관심이 커지고 실제적인 필요를 채워 주기 위한 섬김과 함께 복음을 전하게 됐다.

주변 이웃은 막 개척된 우리 교회의 성장을 위한 수단이 아니었다. 그들은 우리가 그리스도의 사랑으로 섬겨야 할 대상이었다. 교회 개척 초기부터 이런 생각이 성도들 안에 자리 잡기 시작했다. 이제 와서 보니 그것은 필그림교회의 시작부터 하나님께서 심어 주신 미셔널 마인드였다.

교회 개척 2년 후, 미국교회 건물을 빌려 예배드릴 때 일이다. 자체 예배당 건축보다 '필그림사역센터'를 먼저 마련했다. 미셔널 마인드 때문이었다. 노숙자 사역, 양로원 사역, 장학 사역, 장애우 사역, 병원 및 교도소 선교 등 지역사회를 섬기는 일과 멕시코, 과테말라, 이집트, 탄자니아의 해외선교 지원 및 단기선교 프로그램이 매년 더해졌다.

자체 교회 건물 마련과 함께 2007년 필그림사역센터는 뉴저지에서 한인들이 많이 모여 사는 팰리세이드 파크로 이전했다. 명칭도 '필그림하우스'로 바꾸었다. 지역사회를 섬기는 사역이 계속 확장되면서 필그림교회의 사역이 아니라 하나님 나라를 위한 초교파 사역센터가 되어야 한다는 취지에서 2016년 이름을 '네이버 플러스'로 변경했다. 비영리 단체로 주 정부에 등록하고 초교파 평신도들로 이사회를 구성했다.

네이버 플러스는 이웃을 복되게 하는 삶을 실천하는 미셔널 센터다. '네 이웃을 네 몸과 같이 사랑하라'고 하신 주님의 말씀을 따라 이웃을 사랑으로 섬기는 기관이다. 누가 우리의 이웃인가. 주님은 선한 사마리아인의 비유(눅 10:30~37)로 우리에게 가르쳐 주셨다. 강도를 만난 그 한 사람, 그가 누구인지 다른 아무 소개도 없이, 그저 강도를 만나 죽게 된 어떤 사람이라고만 되어 있다.

반면에 그 옆을 지나간 세 사람은 제사장, 레위인, 사마리아인이라고 하셨다. 무슨 뜻일까. 인종, 나이, 성별, 문화, 종교를 초월해 누구든지 나의 이웃이 된다. 그중 특히 어려움을 당하고 소외된 사람에게 우리가 먼저 다가가 이웃이 돼야 한다고 주님은 말씀하셨다.

누군가 나를 필요로 한다는 생각이 사명감으로 승화돼 미셔널 라이프를 살기 시작한 사람들로 인해 오늘의 네이버 플러스가 세워졌다. 현재 자원봉사자 70여 명이 활동하고 있는데, 노숙자만 매주 400~600명을 섬긴다. 네이버 플러스의 매년 수혜자는 연인원 3만 명 이상이다.

그리스도의 사랑으로 이웃을 섬기는 자원봉사자들이 다양한 봉사와 재능, 물질과 기도로 참여한다. 예수의 사랑과 복음으로 이웃을 복되게 하는 봉사자들의 간증을 듣노라면 이 땅에서 하나님 나라를 앞당겨 살아가는 미셔널 처치의 실체를 본다.

네이버 플러스에서 활동하는 성도들의 간증을 소개한다. 그들은 선한 사마리아인의 비유를 자신에게 주신 말씀으로 받아 생활 속에서 실천하는 사람들이다.

"네 생각에는 이 세 사람 중에 누가 강도 만난 자의 이웃이 되겠느냐 이르되 자비를 베푼 자니이다 예수께서 이르시되 가서 너도 이와 같이 하라 하시니라."(눅 10:36~37)

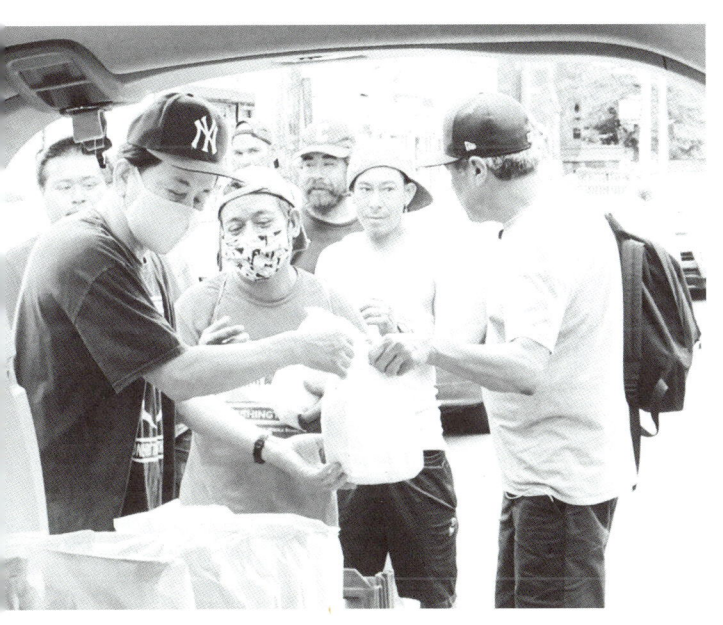

● 미국 필그림선교교회가 설립한 네이버 플러스 소속 봉사자들이 2020년 6월 신종 코로나바이러스감염증으로 어려움을 겪는 미국 뉴저지주 저소득층에게 샌드위치를 제공하고 있다.

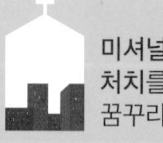

chapter 7

미셔널 라이프의 기쁨
낮은 곳에서
절대 주리지 않는 '생명의 떡' 나누다

미국 뉴저지의 소외된 사람들을 그리스도의 사랑으로 섬기는 네이버 플러스에는 마음을 울리는 간증이 끊이지 않는다. 그리스도의 사랑을 나누는 곳에는 우리의 삶을 변화시키는 놀라운 하나님의 능력이 살아 역사하기 때문이다. 그 사랑의 은혜를 받은 사람들, 사랑의 통로로 쓰임 받는 봉사자들의 이야기를 통해 미셔널 라이프의 기쁨과 보람을 나눈다.

조모 자매는 사업 수완이 좋아 손대는 일마다 성공을 거뒀다. 그러나 아무런 예고도 없이 43세 때 불청객이 찾아왔다. 뼈와 림프까지 전이가 된 암이었다. 길어야 12개월을 살 수 있다는 판정을 받았다. 슬프고 원통스러운 삶을 살다가 병원에서 봉사하던 네이버 플러스의 양모 장로를 만났다.

난생처음 성경책에 손을 얹고 기도했다. 그 순간 예수님이 찾아오셨다. 불안과 억울함으로 가득했던 마음이 평안해지면서 기쁨이 차올랐다. 암 4기 판정을 받은 2개월 후 폐에 물이 차서 힘든 고통의 나날을 보낼 당시 필그림선교교회 2000명 성도가 한마음으로 기도했다. 덕분에 기적처럼 몸이 좋아져 한국으로 갈 수 있었다. 가족 구원이 걱정된 그는 다시 짐을 챙겨 가족이 있던 중국으로 향했다. 가족들은 7남매의 막둥이가 울면서 전한 예수님을 영접하고 구원을 받았다.

조 자매는 "비록 육체의 병을 얻었지만, 하나님 아버지를 알게 되고 천국과 영생을 선물로 받았다"면서 "병이 낫는다면 절망 가운데 있던 나에게 손 내밀어 찾아와 기도해 주신 양 장로님처럼 아픈 사람들을 도우며 살고 싶다"고 했다. 그는 2017년 2월 병상 세례를 받고 친지들에게 복음을 전하다가 지난해 2월 하나님의 부르심을 받았다. 절망 가운데 손을 내밀었던 양 장로는 여전히 네이버 플러스의 사역자로서 미셔널 라이프를 산다.

노숙자인 히스패닉 형제 호세는 불행한 어린 시절을 보냈다. 돌봐

주는 사람이 없어 배고프고 추운 삶을 살았다. 학교도 못 가고 정신적·육체적 학대를 받았다. 7살 때 어머니가 돌아가셨고 아버지는 매일 때렸기에 들에 나가 잠을 자곤 했다. 이곳저곳 옮겨 다니며 닥치는 대로 일했다.

22살에 미국으로 온 호세는 열심히 일했지만, 곧 술친구들과 어울렸다. 술을 마시다 만취해 의식을 잃고 병원에 실려 가곤 했다. 술에 취하면 자신을 이길 수 있는 사람은 아무도 없는 것처럼 느껴졌고 누구하고든 싸우려 들었다. 하루는 술에 취해 길을 건너다가 자동차에 치여 병원에 실려 갔다. 여러 차례 수술을 통해 겨우 살아났지만 병원에 3개월간 입원해 있어야 했다. 호세가 퇴원했을 때는 추운 11월이었다. 병원에 있을 때 여러 번 찾아와 기도해 준 한인 목회자를 통해 2월에 노숙자 수련회가 열린다는 소식을 들었다. 추운 거리에서 자는 것보다 낫겠다는 생각으로 수련회에 참석했다.

수련회 주제는 '일어나 네 자리를 들고 걸어가라'(요 5:8)였다. 성경공부와 설교가 그의 마음을 깊이 파고들었고 자신의 모습을 보게 됐다. 그 순간 호세는 말씀대로 일어나 자신의 자리를 들고 그리스도와 함께 걷기로 믿음의 결단을 했다. 예수님이 누군지 알게 됐고 하나님은 그의 마음을 녹여 주셨다. 삶이 변하기 시작했다.

호세는 더 이상 술을 마시지 않는다. 매일 성경을 읽고, 매주 금요 기도회에 가고, 화요일마다 성경공부를 한다. 호세는 "내게 새 삶을 주신 하나님께 감사한다"면서 "하나님의 사랑을 알게 해 준 한인교회와 네이버 플러스에도 감사드린다"고 말했다.

손모 집사가 5년 전 히스패닉 노숙자 사역에 참여하기 시작했을 때 뉴욕의 평균기온은 영하 7도였다. 영하 18도 이하로 떨어지는 날도 많았다. 혹한이 들이닥친 2월의 어느 토요일이었다. 저녁 7시쯤 노숙자 봉사 모임이 끝난 후 거리로 다시 나가는 노숙자 형제들을 봤다. 그때 손 집사의 마음에 "그들을 태워 주라"는 소리가 들렸다. 그들의 거주지는 뉴욕 우드사이드 69가에 있는 공원이었다.

손 집사는 그들과 같은 경험을 하기 위해 그날 밤 같이 자기로 했다. 그러나 추위를 견딜 수 없어 한밤중에 차로 돌아왔다. 그는 자동차 안에서 하나님께 울며 부르짖었다. 그때 하나님께서 응답하셨다.

"내가 주릴 때에 너희가 먹을 것을 주었고 목마를 때에 마시게 하였고 나그네 되었을 때에 영접하였고 헐벗었을 때에 옷을 입혔고 병들었을 때에 돌보았고 옥에 갇혔을 때에 와서 보았느니라."(마 25:35~36)

손 집사는 추운 겨울에도 노숙자들이 거리에서 잠을 자는 것을 알고

단 이틀이라도 그들과 따뜻한 밤을 지내기로 마음먹었다. 첫 번째 수련회를 시작했다. 따뜻한 숙소를 제공할 뿐만 아니라 그들에게 더 파워풀한 것 즉, 절대 주리지 않는 생명의 떡을 제공하기로 마음먹었다.

"예수께서 이르시되 나는 생명의 떡이니 내게 오는 자는 결코 주리지 아니할 터이요 나를 믿는 자는 영원히 목마르지 아니하리라."(요 6:35)

우리는 이 생명의 떡을 받았다. 이 놀라운 은혜의 빚을 진 우리는 아직 이것을 받지 못한 자들을 찾아가 나눠줘야 한다.

● 히스패닉 노숙자들이 2020년 6월 미국 뉴저지에서 네이버 플러스가 무료로 제공하는 샌드위치를 받기 위해 기다리는 모습.

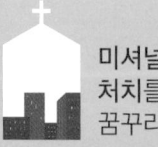

chapter 8

선교적 삶 사는 헌신자들

나와 아무런 관계 없는 사람, 어떻게 사랑할 수 있을까

섬김을 통해 더 많은 은혜를 받고, 주는 것보다 더 소중한 것을 얻는다는 것이 미셔널 라이프를 사는 크리스천들의 한결같은 고백이다. 그런 기쁨과 보람이 있기에 그들은 십수 년, 어떤 이들은 평생 사랑을 베풀며 미셔널 라이프를 살아간다.

J 집사는 이민생활 초기에 네이버 플러스의 도움을 받았다. 그는 이 땅에 잠시 왔다가 가는 나그네 인생길에 있는 환자와 환자 가족들에게 10년째 생명의 복음을 전하고 있다. 이 세상 너머 저 천국에 보화

를 쌓으며 사는 것이 가장 값진 인생임을 배우고 있다. J 집사는 "나와 아무런 관계가 없는 사람들을 어떻게 사랑할 수 있을까 고민할 때 요한일서 3장 18절 말씀을 통해 그들이 하나님께서 사랑하시는 영혼인 것을 말씀해 주셨다"고 했다.

J 집사는 호스피스 단계에 있는 환자들을 섬기기 위해 조리법을 보면서 잣죽, 녹두죽 등을 만들었다. 그리고 예수님의 이름으로 베푸는 작은 섬김을 통해 환자와 환자 가족들이 하나님께 더 가까이 나아가는 모습을 봤다. J 집사는 "우리의 섬김 서비스를 받으면서 감정적으로 관계가 얽혔던 가정이 평안해지고 시아버지를 천국에 보내 드린 자매가 이제는 주변 사람들에게 복음을 전하고 있다"면서 "이런 일들을 볼 때 하나님의 역사하심을 확신한다. 이것이 미셔널 라이프의 기쁨과 보람"이라고 말했다.

한 사람이 얼마나 선한 영향을 끼칠 수 있을까. 그것은 전적으로 하나님의 계획과 인도하심에 달려 있다. L 집사도 이번 코로나19 팬데믹 속에서 미셔널 라이프로 자신을 인도하신 하나님께 감사하고 있다. 그는 "팬데믹 가운데 경제적으로 어려워진 이웃들의 필요를 보게 하시고, 나누라는 주님의 명령에 따랐다"면서 "그런데 하나님은 그 순종을 제사로 받으셨고, 2000여 명을 만나 상담하고 긴급 지원이나 정부의 혜택을 받을 수 있도록 하는 상담자의 길을 열어 주셨다"

고 말했다.

이렇듯 코로나19로 인한 어려움은 미셔널 라이프를 사는 사람들에게 새로운 섬김의 기회가 됐다. 교회 장로로, 네이버 플러스의 이사와 디렉터로 섬기는 J 장로는 이번 팬데믹 기간 동안 'Covid-19 사랑의 한 끼' 사역에 직접 동참했다. J 장로는 사회에서 변호사로, 교회에선 장로로 영향력 있는 지위와 직분을 갖고 있다. 그런 그가 이번 코로나 팬데믹의 한가운데 말씀 한 구절이 주님의 음성으로 들렸다.

"누가 강도 만난 자의 이웃이 되겠느냐 이르되 자비를 베푼 자니이다 예수께서 이르시되 가서 너도 이와 같이 하라."(눅 10:36~37)

J 장로는 S 집사, R 형제와 함께 히스패닉 노숙인을 대상으로 '사랑의 한 끼' 사역을 하고 있다. 지난 4월 중반 12주간 진행하기로 했던 이 사역은 매주 점심 샌드위치를 준비해서 히스패닉 노숙인들에게 무료로 나눠 주는 것이다. "처음 시작할 때 300개의 샌드위치를 준비해서 나눠 줄 계획이었는데 현장에 가 보니 훨씬 많이 필요했다"면서 "나중에는 한 주에 850개로 샌드위치 개수를 늘렸다"고 그는 말했다.

저녁이면 봉사자들이 각자 집에서 샌드위치를 만든다. 다음날 아침 네이버 플러스 사무실로 샌드위치를 가져오면 다른 봉사자가 음료수, 과자, 바나나, 마스크, 전도지와 함께 샌드위치를 봉지에 담는다. J 장로는 "원래 7월 중순에 나눔을 마치려고 했는데 점점 현장의 필요와 섬김의 보람이 커졌다"면서 "아마 하나님이 허락하시는 날까지 계속해야 할 것 같다"고 웃었다.

C 집사는 빡빡한 이민 생활 중 소외된 이웃을 돕는 네이버 플러스의 행정 간사로 일한다. 그는 "가족이 없는 말기 암 환자를 매주 찾아가 섬기고 복음을 전하는 70대 장로님 등 자기 재능과 시간을 기부하며 지역사회를 섬기는 이들의 헌신을 보며 '선교적 삶이란 무엇인가'를 배우고 있다"고 말했다. 이어 "지난 12주 동안 7500여 명의 노숙인들에게 '사랑의 한 끼' 점심을 나눠 줬다"면서 "이 일에 함께해 준 다양한 분들의 봉사와 헌신을 보며, '선교적 삶이란 각 사람이 하나님의 소명을 따라 있는 곳에서 순종하며 사는 삶을 통해 완성된다'는 사실을 다시 한번 깨닫게 됐다"고 말했다.

"사람이 나를 섬기려면 나를 따르라. 나 있는 곳에 나를 섬기는 자도 거기 있으리니, 사람이 나를 섬기면 내 아버지께서 그를 귀히 여기시리라."(요 12:26)

육신을 입고 낮은 곳에 오신 예수님은 굶주린 자, 병든 자, 갇힌 자, 죄인을 섬겨 주셨다. 예수님을 따라 낮은 곳에서 소외된 자들을 사랑과 복음으로 섬기는 미셔널 라이프를 통해 우리는 그곳에 먼저 가 계시는 예수님을 만나게 된다. 그리고 오히려 그곳에서 하나님 아버지의 귀히 여기심을 받게 된다. 이것이 미셔널 라이프의 가장 큰 원동력이자 보람이다.

● 미국 필그림선교교회 성도 등이 2020년 7월 11일 미국 뉴저지주 팰리세이드 파크에 위치한 네이버 플러스 사무실에서 샌드위치를 포장하는 모습.

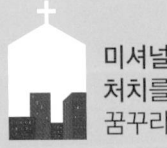

chapter 9

교파 초월 협력자들

섬김의 궁극적 목적…
교회 성장 아닌 하나님 나라 확장

미셔널 처치를 꿈꾸는 교회, 미셔널 라이프를 사는 성도는 교회의 연합과 초교파적 협력을 이룬다. 그들은 선교의 주체가 하나님이시며, 교회는 하나님의 선교를 위해 부르심을 받아 쓰임 받는 도구인 것을 깨닫고 고백하기 때문이다.

밀프레드 미내트레아 목사는 '미국의 감자탕 교회들'에서 미셔널 처치는 다음의 네 가지를 의도적으로 추구한다고 말한다.

"미셔널 처치는 하나님 나라의 시민을 세우는 것을 추구한다. 미셔널 처치는 세상에서 하나님 나라를 실현하는 것을 추구한다. 미셔널 처치는 하나님 나라 안에서 경쟁이 아니라 서로 협력한다. 미셔널 처치는 공동의 대적을 대항하여 싸운다."

지금까지 수차례 소개한 미국 뉴저지 지역 섬김 사역은 대부분의 교회와 성도의 초교파적 연합으로 이뤄진 것이다. 개교회보다 하나님 나라를 먼저 생각하는 인근 교회와 성도들이 선교적 마인드를 갖고, 연합하고 동역해서 펼치는 사역이다. 네이버 플러스, 맘스미션, 뉴저지실버선교회, 러브뉴저지 등은 이 지역 섬김 사역을 위한 플랫폼이 되고 있다.

그 좋은 예가 히스패닉 노숙인을 위한 사역이다. 이 사역은 히스패닉 노숙인 형제들을 특별한 관심과 사랑으로 섬기기 시작한 몇몇 성도들에 의해 시작됐다. 사역 소문을 듣고 동참한 성도와 교회가 하나 둘 더해지면서 더 풍성한 사역으로 확장됐다. 이들 모두는 하나님의 나라를 위해 선교적 마인드를 갖고 자원해서 섬기는 사람들이다.

굶주린 그들에게 음식을 제공하고, 필요한 옷이나 따뜻한 담요를 나눠 주면서 그리스도의 사랑과 복음을 전했다. 그러던 중 이 사역은 또 다른 차원인 노숙인 수련회로 발전했다. 20~30명의 노숙인과 함께 수양관에서 2~3일간 수련회를 갖는 것은 결코 쉬운 사역이 아니다. 그럼에도 불구하고 수차례 수련회를 개최했고, 참석했던 히스패닉 형제들이 그리스도의 사랑과 은혜를 맛보며 복음으로 변화되는 귀한 열매도 맺었다. 여러 교회와 성도들이 같은 그리스도의 사랑으로 연합해 섬겼기 때문이다.

뉴욕장로교회, 뉴저지초대교회, 뉴저지양지교회, 필그림선교교회 등은 서로 교단은 다르다. 하지만 기도와 물질, 시설 제공과 자원봉사로 꾸준히 섬겼다. 함께해 더 풍성한 사역은 코로나19의 어려운 상황 속에서도 아름답게 펼쳐졌다. 지난 4월 중순, 코로나 팬데믹으로 모두가 어려워진 가운데 더 어려운 뉴욕과 뉴저지의 이웃을 섬기려는 R 형제와 그의 친구 S 형제가 'Covid-19 사랑의 한 끼' 사역을 시작했다.

이 귀한 사역에는 뉴저지초대교회의 여러 가정과 성도, 담임 목사님도 참여해서 기도와 물질로 지원했다. 이들은 직접 샌드위치를 만들고 물, 간식거리, 마스크 및 전도지를 담은 사랑의 양식 봉지를 준비해서 매주 뉴욕과 뉴저지의 노숙인에게 전달하기 시작했다. 3주째가 되면서 네이버 플러스와 필그림선교교회의 성도들도 함께했다. 총 12주 동안 매주 목요일과 토요일 이틀에 걸쳐 사랑의 양식 봉지 1000여 개가 어려운 이웃들에게 전달됐다.

성인뿐 아니라 어린 학생까지 헌금과 물품 기부, 기도와 자원봉사로 열심히 연합해 섬겼다. 이 모습은 어느 개인이나 개교회를 위함이 아니요 오직 하나님의 나라와 그의 영광을 위해 연합하고 동역하는 미셔널 처치의 모습이다. 섬김의 궁극적인 관심은 개교회 성장이 아니라 하나님의 나라를 확장하는 것이다. 이를 분명히 알아야 우리는 교단과 개교회주의를 초월해 연합하고 협력할 수 있다.

하나님께서 각 교회와 성도들에게 주신 은혜와 은사, 물적·인적 자원이 개교회 성장을 위한 경쟁이 아니라 하나님 나라를 확장시키는 같은 목적을 위해 쓰일 때, 보다 영원한 가치와 열매를 위한 연합과 협력이 이뤄진다. 몸담고 섬기는 교회나 교단이 다르고, 각자 받은 은사와 소명이 다양하지만 미셔널 처치를 꿈꾸는 사람들은 하나님의 나라를 위해 서로 연합하고 동역한다. 그리고 그 모든 것을 이루시는 하나님께 영광을 돌린다.

> "그런즉 아볼로는 무엇이며 바울은 무엇이냐. 그들은 주께서 각각 주신 대로 너희로 하여금 믿게 한 사역자들이니라. 나는 심었고 아볼로는 물을 주었으되 오직 하나님께서 자라나게 하셨나니. 그런즉 심는 이나 물 주는 이는 아무 것도 아니로되 오직 자라게 하시는 이는 하나님뿐이니라."(고전 3:5~7)

● '코비드-19 사랑의 한 끼' 봉사에 참여한 청소년이 봉사 후 기도하는 모습.

chapter 10

여성도들 헌신적 섬김

물건뿐 아니라 하나님 사랑까지 유통하는 '맘스미션'

2010년 5월 창립된 맘스미션(Mom's Mission)이 2020년 6월 27일 미국 뉴저지주 리틀페리 매장 주차장에서 10주년 감사예배를 드렸다. 코로나19로 몇 달간 닫았던 매장을 재개장하면서 열린 감사와 축하의 잔치였다. 운영팀과 봉사자, 필그림선교교회 목회자 및 성도, 지역 주민 등이 하나님께 영광을 돌리며 예배와 친교의 시간을 가졌다.

특히 지난 10년을 돌아보며 미약한 맘스미션을 통해 하나님께서 이루신 놀라운 일들을 보고하고, 10여 명의 자원봉사자가 섬김의 기쁨과 보람을 간증했다. 아울러 러브뉴저지를 통해 지역 목회자 자녀들을 위한 장학금을 전달했다. 코로나 팬데믹으로 인해 본래 계획보다 약 2개월 늦게 이 행사를 치르게 된 맘스미션의 운영위원장 C 집사는 이렇게 감사의 뜻을 표했다.

"온종일 비가 올 것이라는 일기예보에도 불구하고 텐트를 치고 기도하며 준비했던 순서들이 아름다운 날씨 속에 진행됐다. 더욱 감사하며 힘을 얻었고, 앞으로의 사역을 더 잘 감당하기 위해 맘스미션의 사명 선언문을 재확인하며 결단의 시간을 가졌다."

맘스미션의 사명 선언문은 매우 단순하다. '맘스미션은 그리스도 안에서 우리에게 주어진 시간과 자원을 가지고 이웃을 사랑하고 도우며, 지역 주민들에게 선한 감동을 끼치고, 모든 민족을 그리스도의 제자로 삼는 일에 헌신한다.'

하나님을 사랑하는 마음으로 이웃을 사랑하고, 어려운 이웃을 돕는 것을 기뻐하시는 주님께서 함께하실 것을 믿는 믿음으로 맘스미션은 시작됐다. 이 사역은 가정에서 사용하지 않는 각종 생활용품과 의류, 핸드백, 액세서리, 유아용품, 도서 등 다양한 물품을 기부 받아 어려운 이웃들이 저렴한 가격에 사서 활용할 수 있도록 제공하는 것이다.

이 사역에는 몇 가지 유익이 발생한다. 첫째, 쓰지 않으면서 집에 쌓아 두고 있던 물건을 처분하면서 가치 있는 일을 위해 내어주는 기쁨과 보람을 물건 기부자에게 제공한다. 둘째, 경제적으로 어려운 사람들이 매우 저렴한 가격에 필요한 물건들을 살 수 있게 해 준다. 셋째, 물건을 판매해 얻은 수입금을 구제와 선교를 위해 사용하며 그리스도의 사랑과 복음을 전하는 선한 사역이 이뤄진다. 넷째, 맘스미션에 참여해 미셔널 라이프를 사는 봉사자들의 삶이 변화하며 영적 성장을 이룬다.

맘스미션이 시작될 때에 주변 사람들은 별 기대를 하지 않았다. 가겟세를 내고, 물건을 수집하고, 물건을 깨끗하게 정리 진열하며, 시간에 맞춰 매장을 운영하는 게 보통 일이 아니었다. 특히 함께할 자원봉사자들을 동원하기는 쉽지 않은 일이었다. 그래서 사역의 시작을 말리는 사람들도 있었다. 그러나 몇몇 여집사가 어려운 이웃을 돕고자 하는 사랑의 마음과 어린아이와 같은 순수한 믿음으로 시작했고, 하나님은 지난 10년 동안 기대 이상의 놀라운 일들을 이뤄 주셨다.

교인들의 가정과 사업체뿐 아니라, 교회와 상관없는 사람들과 회사들도 줄지어 물건을 기부해서 매장에는 물건이 늘 넘쳐난다. 앞장선 분들의 헌신적인 섬김에 거룩한 도전을 받은 자원봉사자들이 모여들었다.

좋은 소문이 지역사회에 퍼지기 시작했다. 지금도 수익금 전액은 구제와 장학금 지급, 선교사 후원, 개척교회 지원에 사용된다. 다민족이 어울려 사는 지역에 있는 매장에는 많은 지역주민이 단골로 드나들고 있다. 순수한 사랑과 믿음으로 섬기는 봉사자들을 통해 그리스도의 향기와 사랑을 맛보고 있다. 그중에는 생활의 어려움과 마음의 상처를 나누는 사람들도 생기면서 사역이 다양화되고 있다. 봉사자의 사역 영역은 이제 상담, 중보기도, 성경공부로 확대되고 있다.

맘스미션에 참여하는 여성도 대부분은 자녀들이 성장하고 경제적 여유도 있다. 이제는 자신들의 취미생활과 여행을 즐기며 시간을 보낼 수 있는 사람들이다. 그러나 그들은 오늘도 어려운 이웃들, 잃어버린 영혼들을 가슴에 품고 맘스미션으로 발걸음을 향한다. 내가 사는 이 뉴저지 지역이 하나님이 나에게 맡기신 선교지라는 소명감이 있고, 나눔의 참 기쁨과 보람을 알기 때문이다.

맘스미션은 묻혀 있던 물건을 유통하는 것뿐 아니라, 하나님의 사랑과 은혜를 유통하고 있다. 이런 삶을 사는 이들을, 하나님의 나라를 세우는 미셔널 라이프를 사는 성도라고 부른다.

● 양춘길 미국 필그림선교교회 목사(오른쪽 네 번째) 등 맘스미션 봉사자들이 2020년 6월 미국 뉴저지주 리틀 페리 맘스미션에서 10주년 감사예배를 드린 뒤 케이크를 자르고 있다.

chapter 11

봉사가 주는 영적 재충전

"비우고 더 낮아지니
참 사랑·축복의 통로가 되었다"

에레미야 33장 2절의 말씀처럼 우리 하나님은 "일을 행하시는 여호와, 그것을 만들며 성취하시는 여호와"이시다. 하나님의 선교와 사역에 동참할수록 모든 일을 하나님이 시작하셨고 그분이 진행하시며 이루신다는 것을 고백한다.

1997년 11명의 가정이 함께 시작한 미국 필그림선교교회도 마찬가지다. 지나온 발자취를 돌아보면 하나님의 섭리 가운데 시작되었고 하나님께서 이루셨다고 고백할 수밖에 없다. 나눔 가게인 맘스미션도 마찬가지다.

10년 전 맘스미션 출범 때부터 섬기고 있는 L 권사는 "하나님께서 나눔을 시작할 수 있도록 자연스럽게 뉴저지 지역의 엄마들을 모아 주셨다"면서 "우리가 한 것이 아니라 하나님께서 하신 일이었다"고 회고했다. 이어 "애써 물건을 모으려 하지 않았지만, 10년간 판매할 물건이 넘쳤다. 주변에서 도움의 손길도 보태 주셨다"고 했다.

그가 10년 동안 맘스미션을 한결같이 섬길 수 있었던 것은 하나님이 부어 주신 사랑 덕분이다. L 권사는 "맘스미션을 섬기면서 가장 보람된 것은 봉사자들이 하나 돼 주의 길을 함께 걷고 있다는 사실"이라며 "우리가 서로 격려하며 또 다른 이에게 봉사를 권한 이유는 오직 사랑이었다"고 했다. 그는 "하나님의 사랑, 서로 교제하며 나누는 사랑, 그리고 그 사랑을 이웃과 나누면서 10년간 감사와 기쁨으로 섬길 수 있었다"고 말한다.

맘스미션의 봉사자들은 사역 현장에서 하나님의 기적과 삶의 변화를 체험하고 있다. H 성도는 작은 공간에서 섬김과 봉사를 실천하는 맘스미션의 설립 정신에 마음이 끌려 지난 10년을 함께했다. 그는 "봉사자들의 헌신적인 모습을 대하며, 만들어진 돈이 의미 있는 곳에 쓰인다는 사실을 알게 됐다"면서 "그래서 이왕이면 필요한 곳에 나의 시간과 돈을 투자하고 싶었다"고 했다. 그는 "집에서 5분 거리로 맘스미션이 이사 와 더 자주 참여하면서 한 가족과 같이 됐다"며 "손길이 많이 가는 봉사지만, 따뜻한 커피로 서로를 위로했다. 봉사자들이 물건을 옮기고 정리하고 팔면서 서로를 돕고 세워 주는 사랑 안에서 예수님을 닮아 가는 모습을 봤다"고 했다.

H 성도는 맘스미션을 통해 오히려 개개인의 내면이 치유되는 경험을 했다고 설명했다. 그는 "엄마의 마음으로 사랑하며 섬기는 가운데 찢긴 영혼들이 위로받고, 마음의 상처가 치유되며, 삶의 의욕과 믿음의 용기를 얻는 것을 체험했다"면서 "맘스미션은 내면의 치유가 있고 새로운 힘을 충전해 주는 사람들로 채워진 곳이다. 이것이 성령님의 역사 아니겠느냐"고 반문했다.

남을 가르치면서 자신이 더 많이 배우듯 남을 도우면서 봉사자 자신이 치료되고 매일을 사는 에너지로 재충전되는 곳이 맘스미션이다. 그리스도의 사랑으로 심기는 미서닐 라이프의 현장이다.

맘스미션이 자신의 선교지가 될 줄은 미처 몰랐다고 고백하는 H 권사는 이 공간에서 타민족을 만나며 하나님이 주신 소명을 깊이 깨달았다. H 권사는 주님이 가신 섬김의 길을 밑바닥부터 차근차근 배우라고 자신을 맘스미션의 영업 스태프로 인도해 주셨다고 고백한다. 그는 "집에서 사용하지 않는 물건이나 옷을 기부받아 재판매한 수익금으로 선교사님을 지원하고 구제와 장학금 지급 등 선한 일에 사용하고 있다"면서 "특히 이곳 뉴저지의 리틀페리는 다민족이 사는, 문지방 너머의 선교 현장"이라고 말한다.

H 권사는 "자식 집에 다니러 온 인도인 할머니 할아버지, 형제자매를 만나러 온 스페니시 가족들, 아랍 사람, 아프리카 사람, 한국인 등 다양한 사람들과 만난다"며 "자신을 비우고 더 낮아져서 참사랑과 축복의 통로가 되기 위해 노력하고 있다"고 했다. 언어 소통이 잘 안 될 때 사랑의 마음이 전달돼 예상치 못한 일들이 맘스미션에서 일어나곤 한다. 봉사자들이 때론 물건을 사러 온 사람들과 간단한 대화를 하다가 그들이 지닌 마음의 상처를 알아채기도 한다.

H 권사는 "한번은 마음의 고통과 근심으로 눈물 흘리며 자신의 이야기를 하는 스페니시 자매를 만난 적이 있다"면서 "같이 두 손을 꼭 잡고 기도하면서 능력의 하나님을 의지하도록 간구했다"고 말했다.

미셔널 처치는 세상의 대가를 바라지 않고 오직 하나님 나라와 그의 영광을 위해 기쁨으로 섬기는 사람들의 공동체다. 미셔널 라이프를 사는 사람에게는 하나님을 향한 아름다운 찬양이 있다. 우리 가운데 선한 일을 시작하시고, 여기까지 우리를 인도하신 에벤에셀의 하나님을 찬양하는 것이다. 그것은 우리가 한 것이 아니라 하나님께서 하셨고, 모든 것이 하나님의 은혜임을 사도 바울과 같이 겸손하게 고백하는 찬양이다.

"그러나 내가 나 된 것은 하나님의 은혜로 된 것이니 내게 주신 그의 은혜가 헛되지 아니하여 내가 모든 사도보다 더 많이 수고하였으나 내가 한 것이 아니요 오직 나와 함께 하신 하나님의 은혜로라."(고전 15:10)

● 양춘길 미국 필그림선교교회 목사(뒷줄 오른쪽 세 번째) 등이 2018년 7월 미국 뉴저지주 리틀페리에 있는 맘스미션 주차장에서 바자회를 갖고 기념사진을 촬영했다.

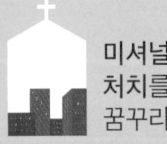

chapter 12

제3의 인생 사는 실버선교회
나를 향하신 하나님의 목적 깨달아야 가치있는 인생

인간은 세 번 태어날 때 진정으로 가치 있는 인생이 된다고 한다. 첫 번째는 육신으로 이 땅에 태어나는 것이고, 두 번째는 예수 그리스도 안에서 영적으로 태어나는 것이다. 그런데 중생한 후에 한 번 더 태어난다. 그것은 사명 또는 소명감으로 태어나는 것을 의미한다. 나를 향하신 하나님의 목적이 무엇인지를 깨달아 그것을 남은 생의 목표로 삼고 살아가는 것이다.

누구에게나 찾아오는 인생의 황혼기, 지금까지 사회에서 해 오던 모든 일을 정리하고 떠나는 은퇴 후의 삶은 아쉬움과 자유로움이 있는 삶이다. 출퇴근, 자녀 교육, 업무와 책임 등의 일상생활에서 해방될 뿐 아니라 출세, 명예, 물질의 욕심에서도 어느 정도 벗어나게 된다. 그러기에 "이제는 그동안 원했지만 하지 못했던 일들을 맘껏 해야겠다"고 하시는 분들이 많다. 그것이 곧 하나님께서 내 삶을 통해 이루기 원하시는 하나님의 일이라는 확신과 함께 남은 삶의 목표가 설정될 때에 그 인생은 남은 연수에 상관없이 다시 태어나 제3의 인생으로 출발하게 된다.

이렇게 성도들이 새로 태어날 때마다 인생을 보는 시각과 자세, 삶의 내용이 현저하게 달라지는 것을 경험한다. 예수를 만나기 전의 인생과 예수 안에 새롭게 태어난 크리스천의 삶이 얼마나 다른가. 마찬가지로 남은 인생에 대한 확고한 소명의식, 그것을 갖고 제3의 인생을 살아가는 실버 성도들의 삶 속에는 새로운 삶의 의욕과 소망이 넘친다. 뉴저지 실버선교회의 훈련원에서 말씀을 전할 때마다 새로운 사명의 준비를 위한 배움의 의욕으로 가득 찬 실버 성도들을 만난다. 그들은 그동안 쌓아온 경험과 지식, 닦아온 지혜와 기술이 더 이상 쓸모없는 것이 아니라 오히려 더 높은 목적, 영원한 가치를 위해 쓰인다는 사실에 흥분을 감추지 못한다.

과거에는 수입 창출의 도구였던 봉제 기술이 이제는 생명을 구원하는 선교의 도구로 쓰인다. 산부인과 의사였던 한 장로님은 은퇴 후 중국에서 의료선교사로 제3의 인생을 보람 있게 살아간다. 오랫동안 보험회사에서 경리를 맡아 일하다가 은퇴하고 이제는 선교회 본부 사무실에서 재정 관리를 맡아 선교에 동참하는 집사님도 만나봤다.

뉴저지 실버선교회는 2002년 설립됐다. "모든 족속을 예수께로"(마 28:19)의 성경적 비전, "내 생명 다하기까지"(행 20:24)의 사랑의 헌신, "새로운 삶을 위한 새로운 도전"(빌 3:12)의 믿음의 결단을 핵심 가치로 삼고 있다. 은퇴를 고려하거나 은퇴한 신실한 그리스도인이 여생을 하나님께 바쳐 복음에서 소외된 미전도 종족에게 가서 이미 복음을 전하는 현지 선교사와 협력하도록 돕는다. 이렇게 선교 사역에 동참함으로써 그리스도의 복음이 그 지역 주민들에게 전파되도록 헌신하는 것이 목적이다.

뉴저지 실버선교회는 지난 19년간 선교에 헌신하려는 실버 그리스도인을 초청해 교육하고 단기선교를 통해 선교의 현장을 직접 경험하게 한다. 이렇게 하나님의 부르심을 따라 지속적으로 실버 선교사로 살아가도록 돕는다. 코로나19로 어려운 상황이지만, 34기 실버선교훈련을 화상으로 잘 마쳤다. 현재까지 800명이 넘는 실버 성도들이 선교훈련을 받았다.

은퇴라는 인생의 전환기를 제3의 인생을 위한 새출발로 삼고 새로운 푯대를 향해 남은 인생의 경주를 달려가는 실버 성도들의 모습을 바라볼 때 사도 바울의 고백이 떠오른다.

> "형제들아 나는 아직 내가 잡은 줄로 여기지 아니하고 오직 한 일 즉 뒤에 있는 것은 잊어버리고 앞에 있는 것을 잡으려고 푯대를 향하여 그리스도 예수 안에서 하나님이 위에서 부르신 부름의 상을 위하여 달려가노라."(빌 3:13~14)

세계적인 거부 록펠러가 세상을 떠났을 때 사람들의 관심은 그가 남긴 재산이었다. 얼마나 남겼냐고 물으니 회계사는 "모두 놓고 갔다"고 대답했다고 한다. 록펠러뿐 아니라 누구나 모든 것을 남겨놓고 갈 수밖에 없다. 일시적인 것들은 당신의 필요를 채우는 것에 사용하고 영원한 것은 당신이 추구하는 것이 되라는 말이 있다. 누구나 세상을 떠날 때 다 놓고 간다. 물질만 아니라 우리의 몸도 놓고 간다. 흙에서 와서 흙으로 돌아가기 때문이다.

우리에게는 경험과 지혜, 재능이 있다. 삶이 다하면 더 이상 투자할 수 없이 이 모든 것을 놔 두고 간다. 우리는 살아 있는 동안 삶을 영원의 안목으로 재조명하고 주어진 것을 투자할 수 있을 때 투자해야 한다. 하나님은 우리가 흙으로 돌아가기 전 물질과 건강과 재능을 영원한 가치를 위해 투자하기를 원하신다. 사도 바울은 자신의 삶을 영원한 가치를 위해 투자했다. 그래서 그는 영원을 향한 모범적인 삶을 살았다. 실버 선교사로 살아가는 사람들 또한 그런 목적을 갖고 산다.

2017년 통계에 따르면 한국인의 평균 기대수명은 82.7세다. 앞으로 더 늘어날 것이다. 마르틴 루터는 오직 두 가지의 날만이 내게 있다고 했다. 오늘과 영원이다. 그러므로 우리는 오늘 영원을 위한 투자를 해야 한다. 자신의 물질과 재능, 건강과 지혜를 아직 기회가 있을 때 하나님의 선교를 위해 투자하는 사람들, 이들이 곧 제3의 인생을 사는 실버 선교사들이다.

실버선교회 회원들이 2016년 과테말라 안티구아 단기선교 후 기념사진을 촬영했다.

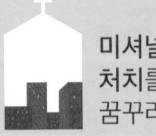

chapter 13

영원을 향한 영광의 달음질
실버 선교사,
은퇴 후 주님께 영광 돌리는 가장 복된 삶

보람 있고 행복한 은퇴 후의 삶을 위해서는 세 가지가 필요하다. 건강, 경제, 그리고 삶의 목적이다. 대부분 은퇴자가 건강과 경제를 위해 미리 준비하고 열심히 노력한다. 그러나 삶의 가치와 보람이 크게 달라질 수 있는 은퇴 후 삶의 목적에 대해서는 무엇을 어떻게 해야 할지 모른 채 준비되지 않은 은퇴를 맞는 이들이 많다.

50대 중반에 이 문제로 고민하던 L 장로는 예수님이 원하시는 전도와 선교에 은퇴 후 삶의 목적을 둔 케이스다. 그는 57세가 되던 2004년 미국 시카고 휘튼대학에서 열린 한인세계선교대회에 참석했다가 실버선교회 정보를 얻게 됐다. 2년 후인 2006년 봄 제6회 뉴저지 실버 선교사 훈련에 참여했다. 13주 선교교육을 마친 후 그는 멕시코 유카탄반도의 이사말 지역으로 실버단기선교를 다녀왔다. 은퇴 후 삶을 하나님의 선교를 위한 비전으로 잡은 L 장로는 이렇게 고백했다.

"무엇보다 감사한 것은 실버선교회를 통해 선교에 필요한 영어 사역과 침술 사역을 습득했다는 것입니다. 실버선교회와의 인연 때문에 선교에 대한 열망과 용기를 이어갈 수 있었고 성숙해지고 있음을 느낍니다. 선교회 회원들과의 교제는 배우며 나눌 좋은 기회가 됩니다."

코로나19로 인해 생활의 많은 부분에 제약이 크지만 L 장로는 실버선교회가 제공하는 '미션 퍼스펙티브'(Mission Perspective)와 스페인어 온라인 강의를 통해 선교의 열정을 계속 불태우고 있다. 17년 전 세운 은퇴 계획을 뉴저지 실버선교회를 통해 성취해 가는 L 장로는 "은퇴 후에도 누군가 나를 필요로 한다는 생각이 들고 그들에게 기꺼이 베풀 때 가장 기쁘고 즐겁다"면서 "하나님께서 주신 건강으로 은퇴 생활의 목적을 이루며 주님께 영광을 돌리는 게 가장 복된 삶"이라고 했다.

3차 선교여행을 마치고 예루살렘으로 가는 사도 바울은 이렇게 고백한다.

> "오직 성령이 각 성에서 내게 증언하여 결박과 환난이 나를 기다린다 하시나 내가 달려갈 길과 주 예수께 받은 사명 곧 하나님의 은혜의 복음을 증언하는 일을 마치려 함에는 나의 생명조차 조금도 귀한 것으로 여기지 아니하노라."(행 20:23~24)

그는 이미 행한 일에 대해 만족하기를 거부했다. 그에게는 거룩한 부담감이 여전히 살아 있었다. 가는 곳마다 최선을 다해 그리스도의 복음을 전했고, 이미 누구보다 많은 곳을 다니며 교회를 세웠고 이방인 선교의 사명을 감당했다.

그러나 그는 '나는 할 만큼 했다'에 머물지 않고 여전히 푯대를 향해 달려갔다. 자신의 생명까지 희생하며 예수의 복음을 전하기 위해 달려갔다. 사도 바울과 같이 생명을 살리는 선교의 사명을 위해 거룩한 불만족을 갖고 여전히 달리는 사람은 영원을 향한 영광의 달음질을 하는 사람이다. 은퇴 후 선교에 헌신한 실버 선교사도 영원을 향한 영광의 달음질을 하는 사람들이다. 죄와 사망에 처한 사람이 영생의 축복을 받도록 생명의 복음을 전하는 일처럼 값진 투자는 없다. 영원한 열매와 상급이 따르기 때문이다. 그러므로 바울은 자신의 생명조차 아깝게 여기지 않고 달려간다고 고백했다.

일찍이 미국에 유학 와서 수의학 박사 학위를 받은 후 33년간 펜실베이니아 주정부의 수의 연구관으로 일했던 K 장로는 공직에서 은퇴하며 부부가 함께 뉴저지 실버선교훈련 7기를 마쳤다. 그 후 전문인 부부선교사로 14년째 과테말라 선교 사역에 전념하고 있다. K 선교사는 2012년 '선교용 젖염소 기르기' 교본을 발간해 과테말라 마야 원주민 빈곤층 선교 사역에 응용하고 있다. 그는 최근 출간한 '아메리칸 드림을 넘어서'라는 책자를 통해 이 땅에 속한 아메리칸 드림을 안고 미국에 유학 온 자신의 삶을 영원한 하나님의 나라를 세우는 킹덤 드림으로 승화시켜 주신 하나님의 섭리와 은혜를 전하고 있다.

자신의 전문성을 살려 은퇴 후 실버 전문인 선교사로 헌신하는 그는 자신의 선교 목표를 다음과 같이 설명한다.

"선교 대상 국가 국민의 60% 이상이 가난한 농민들로 빵과 복음이 동시에 요구되고 있습니다. 그들을 예수님의 제자로 삼고 동시에 '물고기 한 마리를 주면 하루를 먹고 살 수 있지만, 물고기 잡는 법을 가르치면 평생을 먹고 살 수 있다'는 정신과 기술을 젖 염소 사역을 통해 교육하고 있습니다. 젖을 짜 먹도록 해 영양결핍에서 해방하고 치즈와 요구르트를 만들어 시장에 팔아 경제적·정신적으로 자립하고 교회를 개척 양육하는 데 목표를 두고 있습니다."

104세를 일기로 하나님의 부르심을 받은 고 방지일 목사님은 '닳아 없어질지언정 녹슬지 않겠다'라는 신념으로 평생 선교와 교회를 위해 삶을 바치셨다. 지난 19년간 뉴저지 실버선교훈련을 마친 800여 명의 실버 선교사 또한 은퇴 후의 삶이 녹슬지 않도록 영원을 향한 영광의 달음질을 계속하고 있다.

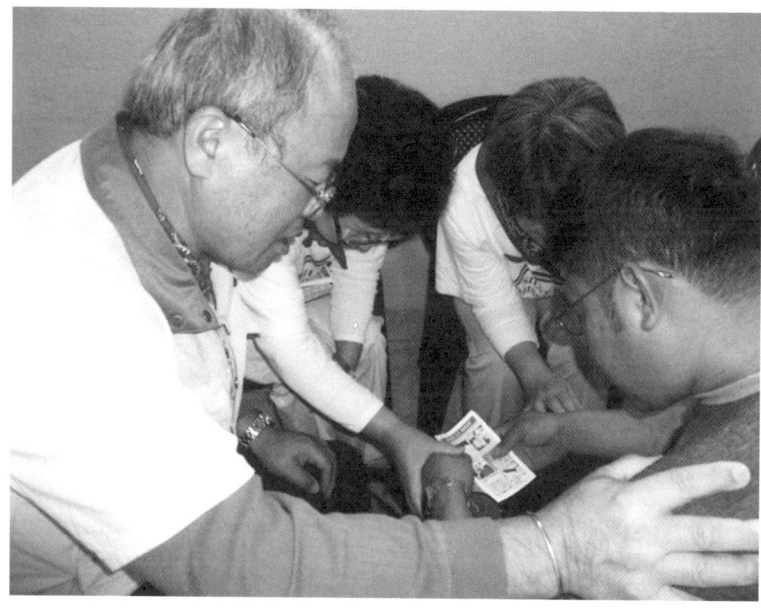

● 2010년 실버 전문인 선교사들이 과테말라 단기선교 때 현지인에게 복음을 전하고 중보기도를 하는 모습.

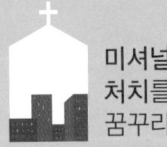

chapter 14

하나님 나라 꿈꾸는 연합 운동
하나님 나라 세우기가 우선…
경쟁 대신 협력 · 동역으로

매월 둘째 주일 저녁이면 러브뉴저지 일일부흥회가 미국 뉴저지주 버겐 카운티에서 열린다. 벌써 6년째 이어온 정기 월례 집회인데 코로나 팬데믹으로 2020년 3월 이후 한동안 모이지 못해 안타까웠다.

주일이면 아침부터 오후 늦게까지 각자 교회에서 진행되는 예배와 성경공부, 친교와 회의 등으로 인해 육신적으로 말할 수 없이 피곤하다. 하지만 러브뉴저지의 목사들은 매월 둘째 주일 저녁에는 즐거운 마음으로 러브뉴저지 일일부흥회에 모인다.

여러 교회의 연합 집회이기에 1년에 한두 차례 순서를 맡는 경우를 제외하고는 교인들과 함께 편한 마음으로 모여 소리 높여 찬양하고 뜨겁게 기도한다. 또한 말씀의 은혜를 받는다.

러브뉴저지의 일일부흥회는 매월 회원 교회를 방문해 목회자와 교인들이 함께하는 연합부흥집회다. 일일부흥회는 회원 교회들이 말씀과 기도로 영성의 활력을 얻고 교회들이 연합해 지역사회를 복음화하는 것을 목적으로 모인다. 집회 강사는 지난달에 장소를 제공한 교회 목사가 담당하고 그 외의 모든 예배 순서는 러브뉴저지 회원 목사가 골고루 나누어 맡는다. 당일 장소를 제공하는 교회의 성도들이 찬양과 안내를 하며, 예배 후 친교 음식을 준비한다. 집회 시 장소를 제공한 교회를 위해 헌금을 하고, 축도로 마치기 전에 집회에 참석한 모든 사람이 그 교회의 목사와 성도들을 위해 축복하며 기도한다.

매달 넷째 주 화요일 오전 10시에는 회원 교회 목회자 모임이 '정례회'라는 명칭으로 열린다. 목회자들이 모여 예배를 드리며, 각 교회의 기도 제목을 나누고 합심기도를 한다. 교회들에 필요한 정보를 나누며, 반주자나 주일학교 교사 등 필요한 사역자들을 파송하는 등 협력을 도모한다. 목회자마다 가진 은사들을 공유해 도움이 필요한 교회를 섬길 뿐 아니라, 목회자의 영성과 지도력 개발을 위한 프로그램과 지역사회의 복음화를 위한 연합 사역을 의논한다. 기도분과, 교육분과, 나눔분과, 문화분과, 전도분과로 나누어 연합 사역을 추진하며 선교적 교회로서 지역 복음화를 위한 연합 운동을 펼친다.

2014년 10월 시작된 러브뉴저지는 세상에서 빛과 소금의 역할을 감당하고 세상을 변화시키기 위한 선교적 교회 연합 운동(Missional Church Movement)이다. 뉴저지를 그리스도의 사랑으로 품고 기도하며 복음을 전파해 하나님의 나라를 세워 가는 것을 목적으로 하는 연합 운동이다. 개 교회 중심의 벽을 뛰어넘어 목회자와 성도가 영혼 구원을 위해 연합하며 작은 교회를 돌볼 뿐 아니라 교회 지도력을 상호 협력해 개발함으로써 세상을 향해 퍼져 나가는 선교적 교회의 연합 운동이다. 현재 23개 교회와 5개 기관이 회원으로 연합하고 있다.

예수님은 교회를 세우기 위해 이 땅에 오신 것이 아니라, 교회를 통해 하나님 나라를 세우기 위해 오셨다. 예수님은 하나님 나라를 강조하셨고 하나님 나라를 확장하는 일을 위해 우리를 교회로 부르셨다. 미셔널 처치는 교인의 숫자가 많고 적음에 연연하지 않는다. 많은 교인이 모여도 하나님 나라를 세우는 일에는 작은 교회가 될 수 있고, 모이는 숫자가 적어도 하나님 나라를 위해서는 큰 교회가 될 수 있기 때문이다.

교인 각자가 파송된 삶의 영역에서 얼마나 미셔널 라이프를 살고 있는가, 각 교회가 맡은 지역에서 얼마나 미셔널 처치의 영향력을 발휘하고 있는가 하는 것이 하나님 나라를 위한 교세 측정 기준이다. 하나님 나라를 우선순위에 두니 연합이 어렵지 않고, 경쟁이 아니라 협력, 경쟁자가 아니라 동역자로서의 관계로 자라 가는 것을 러브뉴저지를 통해 경험하고 있다. 목회자들의 선교적 연합이 초교파적 교인들의 연합으로 아름답게 번져 가는 것을 보며 러브뉴저지를 허락하신 하나님께 감사와 영광을 돌린다. 속히 일일부흥회로 모여 그립던 얼굴들을 다시 만날 그날을 위해 간절히 기도드린다.

"보라 형제가 연합하여 동거함이 어찌 그리 선하고 아름다운고. 머리에 있는 보배로운 기름이 수염 곧 아론의 수염에 흘러서 그의 옷 깃까지 내림 같고 헐몬의 이슬이 시온의 산들에 내림 같도다. 거기서 여호와께서 복을 명령하셨나니 곧 영생이로다."(시 133:1~3)

● 미국 뉴저지주 한인 목회자들이 2020년 2월 뉴저지주 버겐카운티 한 교회에 모여 러브뉴저지 일일부흥회를 갖고 통성기도 하고 있다.

chapter 14 하나님 나라 꿈꾸는 연합 운동 | 109

chapter 15

비교 · 경쟁서 협력과 연합으로
교단 · 교파 초월 하나님 나라 확장하는 '미셔널 공동체'

"아무것도 모르면서 교회들과 목회자들을 시기하고 비방할 수 있었는데 이제는 목사님들을 존경하고 사랑하게 됐습니다. 그리고 저의 사역과 삶에도 깊은 평화와 기쁨이 흐르기 시작했습니다."

2년 전 미국 뉴저지주 한인 목회자들의 모임인 러브뉴저지에 가입해 함께 교제하는 구세군교회 C 사관 간증이다. 러브뉴저지는 개 교회 중심의 벽을 뛰어넘어 하나님 나라 확장을 위해 목회자와 성도가 연합해 기도와 복음 전파로 뉴저지를 변화시키기 위한 선교적 교회

운동이다.

지역의 교회들이 연합해서 서로를, 특별히 작은 교회를 돌볼 뿐 아니라 상호 협력하며 교회 지도력을 개발하고 연합 사역을 펼친다. C 사관은 러브뉴저지의 여러 사역에 함께하면서 타 교회와 목회자에 대한 편협한 생각과 자세가 변했음을 진솔하게 나눴다.

"지금은 러브뉴저지 회원 교회가 아니어도 이웃 교회들을 지나갈 때면 기도로 그 목사님과 사역을 축복하며 지나갑니다."

C 사관은 러브뉴저지의 연합 일일부흥회, 목회자 월례회, 커피브레이크 성경공부에 성실하게 참여하고 있다. 그만 도움을 받은 것은 아니다. 구세군교회에 대해 피상적으로만 알고 있던 다른 목사와 성도도 구세군교회에 대해 잘 알고 협력할 기회를 얻게 됐다. 지난해에는 러브뉴저지 회원 교회가 구세군교회의 여름성경학교를 위해 교사들을 파송해 협력했다. 연말에는 회원 교회 목사들과 사모들이 몇 팀으로 나누어 구세군 자선냄비 모금 운동에 봉사자로 참여했다.

C 사관은 "마치 한 교인인 것처럼 서로 돕고 나누는 일이 참 좋았다"면서 "매주 목회자들이 함께하는 커피브레이크 성경공부 소그룹 모임을 통해 큰 유익을 얻고 있다"고 고백한다. 그의 말은 아직도 기억에 남는다.

"러브뉴저지에서 목회자들이 서로 은혜를 나눌 때 저의 부족한 부분들이 채워졌습니다. 모임에서 지혜를 얻게 되고 깊은 감동과 격려가 있었습니다."

목회자의 변화는 성도들의 변화로 이어졌다. 이웃 교회에 대한 비교와 경쟁보다는 협력과 연합의 움직임이 러브뉴저지 소속 한인교회를 통해 지역사회에 잔잔히 퍼져 나가고 있다.

벌써 3년째 접어든 러브뉴저지 '어와나'는 12~13개 개척교회가 연합해 매 학기 40여 명의 다민족(한국, 중국, 히스패닉) 어린이들을 모아 개최하는 성경학교다. 6~7명의 스태프들이 자원해 섬긴다. 개척교회는 자체적으로 어린이 교육 행사를 할 엄두를 못 냈는데, 교회가 연합해 어린이들을 위한 어와나 프로그램을 훌륭하게 진행한다. 참여하는 아이들은 어려서부터 교회가 연합하는 것을 보고 배운다. 그들 안에 미셔널 처치를 위한 리더십이 형성되고 있음을 확신하며 러브뉴저지를 허락하신 하나님께 감사와 영광을 돌린다.

코로나19 팬데믹으로 어려움을 겪는 이웃과 함께하는 사랑의 나눔이 여기저기서 진행되고 있다. 러브뉴저지 소속 20여 개 회원 교회도 코로나19 사태 극복을 위해 성금을 모았다. 이를 두 개의 병원, 미자립교회와 불우이웃에게 전달했다. 앞장서 이 일을 추진한 순복음교회

P 목사가 러브뉴저지와 인연을 맺은 것은 4년 전이다. 현재 나눔분과 위원장으로 섬기는 그는 "목회자 간에 경쟁의 마음을 내려놓으니 각 교회의 어려운 일, 기쁜 일이 모두 내 교회의 일 같다. 회원 교회의 어려움을 들으면 도울 방법을 찾게 돼 동역자들과 사귐의 폭이 넓어져 감사하다"고 말한다.

비교적 젊은 층에 속하는 P 목사는 러브뉴저지가 물량주의가 아니라 서로 섬김의 모습이 있어서 좋다고 말한다.

"지역 교회 모임이나 교단 모임을 보면 교회의 크고 작음에 따라서 서열이 생깁니다. 작은 교회 목회자들은 가끔 위축되곤 합니다. 그러나 러브뉴저지는 오히려 가장 큰 교회를 섬기는 목회자가 가장 많이 섬기고 겸손히 헌신하며 자발적으로 참여하는 본을 보임으로써 귀감이 되고 있습니다. 나이의 많고 적음 없이 연합을 위해 솔선수범하시는 선배 목회자들을 보며 예수님의 마음을 좇으려는 마음이 느껴져 큰 감동과 위로가 됩니다."

이처럼 러브뉴저지는 교회의 크고 작음을 넘어, 목회자들이 삶의 애환을 나누고 서로를 위해 기도하며 섬겨 주는 사랑 공동체다. 함께 배우고 도전하고 서로 어깨를 기대며 설 자리를 내어주는 성장 공동체다. 하나님 나라의 확장과 영혼 구원을 위해 교단과 교파를 초월해 협력의 기쁨과 시너지를 더해 가는 미셔널 공동체다.

주님은 미국 뉴저지 한인 목회자뿐만 아니라 제2의 러브뉴저지를 꿈꾸는 이들에게 분명하게 말씀하고 계신다.

"새 계명을 너희에게 주노니 서로 사랑하라. 내가 너희를 사랑한 것 같이 너희도 서로 사랑하라. 너희가 서로 사랑하면 이로써 모든 사람이 너희가 내 제자인 줄 알리라."(요 13:34~35)

● 러브뉴저지가 지역 어린이들을 대상으로 2018년 3월 개최한 어와나 종강식에서 광대 복장을 한 자원봉사자가 복음을 전하고 있다.

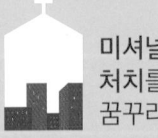

chapter 16

흩어지는 사람들
복음과 함께 지역사회로, 타국으로 흩어지는 것이 미셔널 라이프

사도행전 11장 19~20절에 보면 흩어진 자들의 이야기가 나온다.

"그때에 스데반의 일로 일어난 환난으로 말미암아 흩어진 자들이 베니게와 구브로와 안디옥까지 이르러 유대인에게만 말씀을 전하는데 그중에 구브로와 구레네 몇 사람이 안디옥에 이르러 헬라인에게도 말하여 주 예수를 전파하니."

스데반이 예수 그리스도의 십자가와 부활을 증거하다 돌에 맞아 순교하는 사건과 함께 유대인들은 예루살렘 교회를 크게 박해하기 시작했다. 성도들은 뿔뿔이 흩어졌다. 그 흩어진 사람 중에 몇 사람이 안디옥에 이르러 예수의 복음을 전함으로 세워진 교회가 안디옥교회다. 후에 안디옥교회는 바울과 바나바를 선교사로 파송했고 세계 선교의 전초지가 됐다. 이 안디옥교회를 생각할 때 가장 부러운 것이 있다면 사도행전 11장 21절의 내용이다.

"주의 손이 그들과 함께하시매 수많은 사람들이 믿고 주께 돌아오더라."

주의 손이 함께하심으로 안디옥교회는 교회의 존재 목적인 영혼 구원의 역사를 놀랍게 감당했다. 안디옥교회는 누가 시작했는가. 예수를 믿는 사람이라는 이유로 박해를 받아 안디옥까지 온 무명의 흩어진 자들이었다. 흩어지면 죽고 뭉쳐야 산다는 것은 절대적인 진리가 아니다. 적군에게 쫓기는 군인은 흩어져야 한다. 하나로 뭉쳐 있으면 모두 포로가 되든지 사살된다. 고여 있는 물은 썩지만 흐르는 물은 썩지 않고 신선하다. 꽃씨는 바람에 날려 흩어져야 증식한다.

씨 뿌리는 계절이 오면 농부는 밭에 나가 씨를 흩어서 뿌린다. 농사를 지어 추수 때에 많은 열매를 거두어들인다. 만일 그 씨가 아깝다고 계속 자루에 보관해 두면 썩고 만다. 하나님의 세계, 기독교의 역사, 하나님의 선교는 흩어짐을 통해 땅끝을 향해 퍼져 나왔고 오늘도 흩어짐을 통해 확장되고 있다. 안디옥의 성도들과 같이 오늘도 예수의 사람들이 흩어져 살아가는 곳곳에서 예수의 산증인이 돼야 한다. 크고 작은 신앙의 공동체를 이루며 정체하지 않고 계속해서 지역사회로, 타주로, 타국으로 예수의 복음과 함께 흩어지는 것이 미셔널 라이프이다.

미셔널 처치는 잘 모일 뿐 아니라 잘 흩어질 줄 아는 교회다. 모여서 울타리를 치고 그 안에 머물러 안일하게 신앙 생활을 하면 교회는 점점 생명력을 잃는다. 그러나 흩어지면 또 하나의 생명의 역사가 시작된다. 씨앗에 생명력이 있어서 그 씨를 흩을 때 거기서 또 곡식이 자라고 열매가 맺히는 것과 마찬가지다. 그러므로 사과나무의 진정한 열매는 사과가 아니고 또 다른 사과나무이듯, 선교적 교회의 진정한 열매는 건강한 교회, 선교적 공동체들을 세워 나가는 것이다.

2020년은 필그림들이 메이플라워호를 타고 북미주에 도착한 지 400년이 되는 해였다. 그들은 신앙의 자유를 찾아 흩어져 온 청교도들이었다. 그들의 흩어짐으로 인해 기독교 신앙 위에 미국이 세워졌고 미국은 오늘날까지 전 세계에 수많은 선교사를 파송하고 있다. 그 중 여러 사람이 우리 한국까지 와서 예수의 복음을 전함으로 많은 교회가 세워졌고 한국 교회도 수많은 선교사를 세계로 흩어 보내며 하나님의 선교에 크게 쓰임 받는 나라가 됐다. 예수의 복음을 갖고 흩어지는 기독교의 역사는 놀라운 생명력을 갖고 하나님의 나라를 확장하는 하나님의 미션을 이루어 왔다.

역사학자 토인비는 "인간의 역사는 다수에 의해서 발전되는 것이 아니다. 인간의 역사는 창조적 소수에 의해 이루어진다"라고 말했다. 지역사회로, 그리고 해외로 흩어져 미셔널 라이프를 사는 예수의 사람들은 그 사회의 주변인들(Marginal People)로서 그 사회를 변화시키는 창조적 소수다. 그들로 인해 성경적 가치관이 소개되고 예수의 복음과 함께 삶이 새로워지며 가정과 사회가 변화되는 새 역사가 펼쳐진다. 흩어져 안디옥에 이르러 예수의 복음을 전했던 사람들에게 주의 손이 함께하셨다. 그렇듯 오늘도 예수의 복음과 함께 흩어져 삶의 영역에서 미셔널 라이프를 사는 사람들에게 주님의 능력의 손, 사랑의 손이 함께하셔서 하나님 나라의 새 역사를 이루신다.

"그러므로 너희는 가서 모든 민족을 제자로 삼아 아버지와 아들과 성령의 이름으로 세례를 베풀고 내가 너희에게 분부한 모든 것을 가르쳐 지키게 하라 볼지어다 내가 세상 끝날까지 너희와 항상 함께 있으리라 하시니라."(마 28:19~20)

● 카자흐스탄 알마티 중앙아시아연합신학교에서 2019년 6월 열린 졸업식. 미국 필그림선교교회는 중앙아시아선교회를 통해 중앙아시아연합신학교를 운영하며 카자흐스탄 목회자 양성에 주력하고 있다.

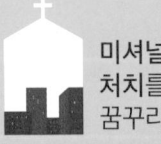

chapter 17

자녀들과 함께하는 미셔널 라이프
믿음의 가정서 선교적 교회 이끌어갈 내일의 리더 양육

30년 전 미국 캘리포니아주 로스앤젤레스 나싱영락교회에서 영어 목회를 하고 있을 때 일이다. 처음으로 엔젤트리(Angel Tree) 사역에 참여했다. 미국의 프리슨 펠로십(Prison Fellowship)이라는 선교기관에서 성탄절에 펼치는 사역이었다. 교도소 재소자들의 어린 자녀에게 부모를 대신해 크리스마스 선물을 전달하는 특별한 사역이었다.

예수님의 사랑과 복음을 전하는 매우 귀한 사역이라 우리 부부는 토요일 오전 어린 세 딸을 데리고 이동했다. 준비한 선물 세 개를 갖고 전달받은 주소의 집을 찾아갔다. 우리 가정은 프리슨 펠로십에서 교회로 보내온 100여 명의 재소자 자녀들 명단 중 우리처럼 딸 셋이 있는 가정을 선택했다. 당시 8살이었던 맏딸은 그 당시 기억을 되살리며 이렇게 간증했다.

"목사의 딸로 자라면서 교회의 다양한 행사와 프로그램에 의무감을 느끼고 참여했어요. 그러나 엔젤트리 사역만큼은 그렇지가 않았어요. 나와 내 동생들은 매년 엔젤트리 사역을 기다렸어요."

이 사역은 여러모로 의미가 있었다. 엔젤트리에서 아이의 이름과 나이가 적혀 있는 카드를 뽑는 일, 부모와 같이 나가서 그 아이에게 적절한 선물을 사는 일, 집으로 돌아와 그 선물을 예쁘게 포장하는 일은 뜻깊었다. 그 집을 찾아가 선물을 전달하면서 그들과 함께 그 가정을 축복하며 기도했던 일 하나하나가 의미가 있었다. 맏딸은 이렇게 말했다.

"그들과의 만남은 언제나 잠깐이었지만 그 가족의 얼굴, 특히 어린 아이들의 표정은 내 마음을 뭉클하게 했어요. 그렇게 작은 섬김을 통해 예수님의 사랑을 어려운 가정에 전할 수 있었던 것은 큰 보람이었죠. 엔젤트리 사역은 참 특별한 사역이었어요."

어려서부터 어려운 이웃을 그리스도의 사랑으로 섬기며 예수의 복음을 전하는 선교적 삶의 교육과 훈련을 쌓아 가는 것은 매우 귀한 일이다. 실제적인 섬김의 경험을 통해 건강한 그리스도인의 가치관이 심어지고 선한 영향력을 끼치는 신앙 인격의 성장을 가져오기 때문이다.

교회의 유초등부(1~5학년) 어린이들은 가을 동안에 노숙자들을 위해 선물 상자(homeless package)를 준비한다. 그 안에는 털모자와 목도리, 손수 만든 크리스마스 카드가 들어 있다. 크리스마스가 다가오면 그것들을 여러 지역의 다민족 교회와 연합해 인근 지역의 노숙자들에게 나눠주며 예수님의 사랑과 복음을 전한다.

매년 초등부 아이들의 가정은 크리스마스 선물 박스에 장난감과 학용품을 사서 넣고 자신들이 쓴 사랑의 편지를 넣고 포장한다. 가난으로 고통받는 여러 나라 어린이들에게 선물로 보낸다. 지난해에는 아이티 선교를 위해 초등부 학생들이 선교팀이 방문하는 마을의 각 가정 아이들에게 전할 선물을 준비해 보냈다. 샌들, 나무 십자가, 가방을 준비했는데 한 학생은 자기가 적금한 돈으로 200개의 나무 십자가와 가방을 준비했다. 이 선교 사역에 동참한 70명의 초등부 아이들이 모두 함께 십자가 목걸이와 신발을 넣을 가방에 성경 말씀과 그림을 넣어서 전달했다.

자녀들과 함께 선교적 삶을 실천하는 가정들이 늘어나고 있어 감사하다. 아이들과 함께 불우한 이웃들을 위한 '사랑의 식사'(Loving Meals) 사역에 참여하는 C 집사는 가족이 함께하는 선교적 삶을 통해 얻는 기쁨과 열매를 이렇게 간증했다.

> "사춘기 아이의 세상을 보는 눈도 넓히고, 실제로 러빙밀 사역을 위해 장을 보는 과정에 도와줄 봉사자가 필요해 큰아이와 함께 장을 봤습니다. 처음에는 무거운 짐을 들 때 투정도 하고, 아침에 일찍 일어나는 것도 힘들어 했습니다. 그러다가 코로나바이러스 감염의 위험에도 불구하고, 한 끼의 러빙밀을 전하는 다른 봉사자들을 보며 마음에 큰 변화가 생겼습니다. 이제 불평 없이 봉사하는 첫째, 둘째 아이와 봉사 자체를 마냥 즐거워하는 셋째 아이의 모습을 보면서 부모로서 참 마음이 뿌듯합니다."

C 집사는 무엇보다 팬데믹 기간 동안 사랑의 실천이 의미 있었다고 평가했다. 그는 "가정예배를 통해 입술로만 '집 없는 불쌍한 이들, 아픈 이들을 도와주세요'라고 하던 고백에, 행함이 더해져 하나님이 기뻐하시는 자녀로 한 발짝 성숙해 감을 볼 수 있었다"고 말했다.

미셔널 처치는 미셔널 라이프를 살아가는 가정으로 세워진다. 사랑의 섬김으로 복음을 살아내는 믿음의 가정 안에서 선교적 교회와 하나님의 나라를 세워 갈 내일의 리더들이 자라나고 있음을 본다. 미셔널 처치의 꿈을 키워 주시는 하나님께 감사드린다.

● 미국 필그림선교교회 유초등부 어린이들이 2019년 9월 지역 저소득층 이웃에게 보낼 선물과 카드가 담긴 박스를 들고 기념사진을 촬영했다.

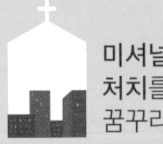

chapter 18

선교적 삶의 본보기
말 이전에 선한 삶…
부모의 언행 불일치는 자녀 인성에 해악

아프리카의 성자 슈바이처 박사는 자녀 교육에서 가장 중요한 3가지 원칙을 꼽았다. 첫째도 본보기, 둘째도 본보기, 셋째도 본보기였다. 언행이 일치되지 않는 부모의 말은 자녀의 인성 개발에 오히려 해를 끼친다. 그러나 말 이전에 선한 삶으로 보여주는 교육은 자녀의 삶에 큰 영향을 미친다.

최근 네이버 플러스에서 간단한 수여식이 있었다. 지역사회 자원봉사의 시간이 충분히 채워진 사람에게 주어지는 미국의 대통령상이다. 간단한 상이지만 자원봉사로 지역사회를 섬긴 사람들의 수고를 인정하고 자원봉사 정신을 격려하는, 의미 있는 상이다. 이번에는 고등학교 남학생 둘이 부친과 함께 상장을 받았다. 이 학생들은 지역사회를 섬기는 부친을 따라 자원봉사를 하기 시작했다. 아들은 노숙자들에게 특별한 관심을 가진 아버지를 보면서 자원봉사를 시작했다. 샌드위치를 만들어 물, 마스크, 전도지와 함께 봉지에 넣어 노숙자들에게 복음을 전하는 사역에 정기적으로 참여했다.

수년간 노숙자들을 섬기면서 미셔널 라이프를 사는 부친을 보며 아들도 어려운 이웃을 섬기는 기쁨과 보람을 알게 됐다. 아버지의 삶이 본이 돼 아들의 삶에 거룩한 그리스도인의 인성이 형성됨을 볼 수 있었다.

또 다른 부자는 패터슨 지역 홈리스 쉘터 사역에 참여했다. 매주 토요일 오전 2시간씩 가족이 함께 쉘터에 사는 가정에 소망을 줬다. 어른들은 직접 신선한 재료로 브런치를 만들어 쉘터 식구들과 같이 먹으며 사랑을 나눴다. 아이들은 쉘터에 거주하는 어린아이들을 돌보고 공작놀이도 했다. 쉘터 주변 청소도 같이 했다. 정부 보조로 운영되는 쉘터라 전도나 종교 활동은 못 하지만, 쉘터 가정이 먼저 요청하면 할 수 있다. 예수님의 사역처럼 아무 조건 없이 사랑으로 섬기는 가운데 하나님은 그들의 마음을 열어 주셨다. J 집사의 간증이다.

"4주 정도 섬긴 후 몇몇 가정이 기도 제목을 우리에게 주었고, 몇 가정과는 쉘터에서 직접 기도할 수 있게 됐습니다. 지난 몇 개월 동안 벌써 세 가정이 기도한 대로 가족이 같이 살 수 있는 정부 보조 아파트로 이사했습니다. 그들은 필그림선교교회와 하나님께 감사하다고 했습니다."

J 집사 가정은 매년 여름 '패터슨 이웃과의 하루'라는 파티를 쉘터 주민 100여 명과 함께 연다.

"원래 작게 쉘터 식구들과 여름에 바비큐 파티를 열려고 했습니다. 놀랍게도 쉘터 쪽에서 먼저 패터슨시에 허락을 받아 도로 구역을 막고 다른 쉘터 가정들을 초대하자고 제안해 시작됐습니다. 주님의 계획은 참 놀랍습니다. 바비큐와 기도 텐트, 게임, 풍선 전도, 페이스 페인팅 등 다양한 행사를 열었습니다. 교인들의 아름다운 협력으로 주님이 기뻐하시는 큰 행사가 됐습니다."

J 집사는 2년 전 미셔널 처치의 교회비전을 따라 미셔널 라이프를 살아야겠다는 마음을 갖게 됐다고 했다.

"교회의 여러 가정과 같이해야 하는 사역이었습니다. 하지만 하나님께서 도움이 없으면 혼자서라도 선교적 삶을 살아야 한다는 마음을 주셨습니다. 저희 가정이 패터슨 옆 동네로 이사하게 되어서 패터슨 봉사사역이 더 수월해졌습니다. 이 모든 것이 주님이 계획하신 것이라 믿습니다."

그는 쉘터를 떠나는 가정이 나올 때마다 교회가 그분들의 정착과 안정을 이루기까지 기도와 후원을 하는 시스템을 위해 기도하고 있다. 그의 고등학생 아들 또한 아버지의 섬김을 본받아 선교적 삶을 살고 있다. 이번에 두 부자가 함께 대통령상을 받는 것을 보며 하늘에서의 상이 더 클 것이라고 생각했다.

가족이 함께하는 미셔널 라이프는 계속 확산되고 있다. C 권사는 전도지도 받지 않는 코로나 팬데믹 상황 속에서도 전도 팻말 아이디어를 떠올렸다.

"상업적인 팻말보다 사람들에게 친근감을 주는 모양이 좋겠다는 생각이 들어 손녀딸에게 제작을 부탁했어요. 아이가 정감있게 잘 그려 줘서 사람들의 시선을 끄는 훌륭한 전도 도구가 됐습니다. 수요일 오전에는 오버팩 공원에 나가 사람들이 걷는 반대 방향으로 걸어가면서 마주 오는 사람들에게 팻말을 보여줍니다. '예수께로 오세요' '예수 믿고 영생을 얻으세요' '예수님만이 구원자이십니다' 등 간단한 말을 건네면서 공원을 걸어 다니며 전도하고 있습니다."

할머니가 전도하는 일에 동참할 수 있게 돼 너무 기쁘다는 초등학생 손녀딸은 이렇게 말했다.

"제가 만든 팻말을 보고 누군가가 예수님을 믿게 된다면 너무 행복

할 것 같아요. 그래서 글씨가 최대한 잘 보일 수 있는 구조와 사람들의 호기심을 이끌 수 있는 배경을 고민합니다. 하나님이 좋은 아이디어를 주시는 것 같아요."

예수님은 "내가 너희에게 행한 것같이 너희도 행하게 하려 하여 본을 보였노라"(요 13:15)고 말씀하셨다. 그리스도의 사랑과 복음으로 선교적 삶을 사는 성도의 자녀는 부모를 본받게 돼 있다. 자연스럽게 신실한 그리스도의 제자로 성장하게 된다.

● 양춘길 미국 필그림선교교회 목사(가운데)가 2020년 9월 뉴저지 '네이버 플러스'에서 미국 대통령 자원봉사상을 받은 두 부자와 함께 기념사진을 촬영했다.

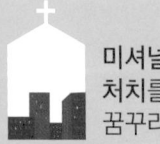

chapter 19

일상 속 미셔널 라이프
일터 · 학교 등 일상이 선교지… 삶의 패턴을 선교적 삶으로 바꿔라

미셔널이 된다는 것은 바쁜 일상생활에 또 하나의 이벤드니 프로그램을 더하는 것이 아니다. 미셔널 라이프는 삶 자체다. 나의 일상에서 선교를 살아내는 것으로 시작하는 것이다. 지혜롭게 이웃과 어울리는 것이다. 선교적 마인드와 의도를 갖고 일상생활을 하는 것이다. 우리의 언어와 행실이 선교적으로 변화되는 것이다. 늘 다니는 출퇴근 길, 이웃과 어울리는 동네, 건강을 위해 걷고 뛰는 곳, 취미생활을 위해 찾아가는 곳, 쇼핑몰과 식당, 일터와 학교 등 일상이 선교지임을 자각하고 선교적 삶의 패턴으로 삶을 바꾸는 것이다.

매일의 삶에서 우리가 미셔널 라이프를 실천할 수 있는 몇 가지 길을 제시해 본다. 첫째, 가능한 한 걷는 것이다. 마을 주위, 아파트 단지, 학교 캠퍼스를 걸으면서 만나는 사람들에게 반갑게 인사를 건네는 것이다. 시간이 되는 대로 밖에 나가 동네 주변을 걸으면서 지역사회에 관심을 갖고 기도한다. 이렇게 선교적 마인드를 갖고 어디에 가든지 가능한 한 멀리 주차를 하고 걸어서 돌아가는 생활 습관이 생기면 이웃 사회와 직장 인근에서 새로운 사람들을 알게 되고 전도의 대상이 늘어난다.

둘째, 예수를 믿지 않는 사람과 함께 식사하는 것이다. 우리 모두 하루 세 끼를 먹는다. 직장과 학교에서 일주일에 두 차례 정도는 불신자들과 같이 앉아 점심을 먹는 습관을 키운다. 교회에 나가지 않는 이웃이나 친지를 초청해 간단한 식사를 나눈다. 마을 주변을 돌면서 새롭게 알게 된 이웃이나 직장 동료, 예수를 알지 못하는 친지들을 가족 식탁에 초청해 함께 식사하며 교제하는 기회를 만든다.

미국에서는 뒷마당이나 파크에서 바비큐 요리를 하면서 이웃과 주변 사람들 몇 명을 초청하여 사귀는 일은 매우 자연스럽다. 특히 불고기나 갈비 바비큐 요리를 하면 냄새가 너무 좋다. 가까이 와 무엇을 굽고 있느냐고 물어볼 때 맛을 보게 해 주면서 함께 테이블에 둘러앉게 된다. 먼저 대접하고 섬기는 그리스도인의 삶이 일상에서 자연스럽게 보이는 선교적 삶이 된다.

한 성도는 새로 이사를 하자마자 손수 만든 케이크와 작은 화분을 이웃에 돌리면서 자신의 가정을 소개하고 인사를 나눴다. 그 후 한동안 이웃을 만날 때마다 나눠 준 화분이 자연스럽게 대화의 주제가 돼 사귐이 깊어지고 전도의 열매까지 맺게 됐다.

셋째, 취미생활을 통해 불신자들을 사귄다. 운동, 낚시, 음악, 독서, 목공 등 다양한 취미생활을 교인들끼리만 하는 것이 아니라 불신자들도 초청해 자연스럽게 관계를 맺으며 예수 그리스도와 그의 복음을 나눌 기회를 갖게 된다. 이런 목적의식이 있는 미셔널 라이프에선 상대를 사랑으로 이해하고 섬기는 삶이 우선돼야 함은 물론이다.

넷째, 단골이 돼 준다. 식료품 가게, 이발소와 미용원, 식당, 주유소, 자동차 수리점, 커피숍 등은 우리 일상생활의 영역이다. 미셔널 목적을 갖고 스스로가 단골이 돼 주는 것이다. 단골로서 가게 주인 및 종업원들과 사귀게 되고 다른 단골들과 자주 만날 기회가 생기면서 그들에게 신앙 간증과 생명의 복음을 전할 기회가 찾아오게 된다.

조금 더 비싸게 물건값을 치르고 불편한 시설을 감수해야 하는 점이 있지만, 온 천하보다 귀한 한 영혼을 구원하는 미셔널 마인드를 가진 사람에게는 그것이 오히려 큰 즐거움과 기쁨이 되기도 한다. 비신자인 가게 주인이 자기가 좋아하는 단골손님이 다니는 교회가 지역사회를 위해 선한 일을 하고 있음을 알고 특별헌금을 보내온 경우가 여러 차례 있었다. 예수를 믿게 돼 자신의 가게에서 예배를 드리고 싶다고 해서 심방을 가기도 했다.

다섯째, 지역사회의 필요와 발전을 위해 펼치는 비영리 단체들의 행사와 프로젝트에 참여한다. 교회 일만 열심히 하는 것이 아니라, 지역사회를 위한 일에 자원하여 이웃, 친구, 친지와 함께 봉사하는 것이다. 한 달에 한 번, 때로는 성도들이 함께 정기적으로 참여함으로써 지역사회의 리더, 불신자, 공무원을 만나 자연스럽게 관계를 맺으면서 선교적 영향력을 끼칠 수 있게 된다.

지역사회가 하나님의 나라로 변화되는 하나님의 선교를 이루기 위해선 선교지로 우리에게 맡겨 주신 지역사회 안으로 들어가서 삶을 나누는 일을 시작해야 한다. 하나님 나라의 안목을 가지면 지역사회의 일도 우리 일로 여기고 적극 참여할 수 있다. 자녀들이 다니는 학교 행사를 위해 자원봉사하는 부모들이 다른 한국 학부모뿐 아니라 다민족 학부모와 사귀면서 전도의 열매를 맺기도 한다.

미셔널 라이프는 기존 스케줄을 미셔널한 것으로 전환시키는 것에서 시작된다. 그러기 위해선 그리스도인으로서 정체성에 대한 바른

의식을 일깨우고 그것을 실제 일상생활에 적용하는 선교적 라이프에 대한 의식화, 생활화가 우선돼야 한다. 그래서 필그림선교교회는 성도들에게 이런 교육과 훈련을 제공하기 위해 '미셔널 여정'(Missional Pathway)이라는 워크숍을 정기적으로 개최하고 있다.

● 미국 뉴저지 필그림선교교회 성도들이 2020년 8월 뉴욕 공사현장에서 남미 출신 노동자들에게 복음을 전한 뒤 함께했다.

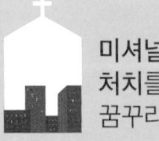
미셔널
처치를
꿈꾸라

chapter 20

미셔널 처치로 리포커싱
개교회 중심에서 하나님의 나라 중심으로 리포커싱 하라

기존 교회가 미셔널 처치로 선환하려면 리포커싱(refocusing) 작업이 필요하다. 리포커싱은 다시 초점을 맞추는 것이다. 포커싱이 제대로 돼 있지 않으면 아무리 열심히 사진을 찍어도 원하는 장면을 얻을 수 없다. 우리 삶도 마찬가지다. 분명한 목적이 없이, 잘못된 목적을 갖고 산다면 오래 사는 것이 의미가 없다. 아무리 열심히 살아도 헛된 인생으로 끝나고 만다.

주변의 많은 교회처럼 우리 필그림교회(현 필그림선교교회)도 리포커싱이 필요했다. 1997년 개척 후 미주한인교회 중 대형교회로 성장했으나 주로 교인의 수평 이동에 의한 양적 성장이었다. 교회 자원은 점점 출석 성도를 위한 행사와 프로그램 개발·운영, 시설 확장·개선에 쓰이고 있었다. 개교회 성장은 이뤘으나 영혼 구원을 통해 하나님 나라를 확장하는 교회의 본질적 사명을 향해 나아가는 데는 매우 부족했다. 그래서 예수 그리스도의 몸 된 교회로서 정체성을 재확립하기 위한 몇 가지 리포커싱 작업이 시작됐다.

첫째, 개교회 중심에서 하나님의 나라 중심으로 하는 리포커싱이다. 예수님은 이 땅에 하나님의 나라를 세우기 위해 오셨고, 하나님 나라의 확장은 그의 또 다른 몸인 교회를 통해 지속되고 있다. 그러므로 교회는 서로 경쟁하는 것이 아니라 하나님의 나라를 세우는 동일한 하나님의 미션을 위해 연합해야 한다. 필그림선교교회는 러브뉴저지, 뉴저지 실버선교회 등의 선교적 연합 운동을 지역의 다른 교회와 함께 추구하기 시작했다.

둘째, 해외선교 중심에서 '여기서, 지금'(Here & Now)의 지역사회 선교를 위한 리포커싱이다. 우리가 사는 지역이 하나님이 우리에게 맡기신 제1선교지임을 새롭게 인식하고 지역사회 복음화에 우선순위를 뒀다. 이러한 리포커싱은 지금까지 한인 중심으로 해 오던 섬김과 전도에서 지역 타민족에게로 범위가 확장되는 자연스러운 결과를 가져왔다. 네이버 플러스, 맘스미션, 노숙자 사역, 히스패닉 선교, 다민족

전도와 예배 등을 통해 복음이 언어와 문화를 넘어 이웃에게 전파되는 미셔널 처치로 발돋움하기 시작했다.

셋째, 보내는 선교사에서 보냄 받은 선교사로의 리포커싱이다. 지금까지 대부분의 성도는 자신을 보내는 선교사로 여기며 선교에 참여했다. 소수의 가는 선교사를 파송하고, 기도와 물질적 후원을 보낸 것이다. 그러나 성경은 우리가 모두 하나님의 선교를 위해 보냄을 받았다고 가르친다. "그러므로 너희는 가서 모든 민족을 제자로 삼아"(마 28:19) "아버지께서 나를 보내신 것 같이 나도 너희를 보내노라"(요 20:21) 등의 말씀은 예수님의 제자뿐 아니라 오늘 예수를 믿고 따르는 모든 그리스도인에게 주신 말씀이다.

그러므로 하나님의 선교를 위해 우리가 다른 사람을 보내기 전에 우리 자신이 이미 주님의 보내심을 받은 것이다. 보냄 받은 선교사라는 리포커싱은 성도들이 자신의 삶에서 선교사적 삶의 거룩한 소명과 도전을 갖게 했다. 즉, 지금까지 선교 프로그램과 프로젝트에 참여하는 것에서 더 나아가 근본적인 미셔널 라이프에 대한 인식과 변화가 일어나기 시작했다.

때 맞춰 'CRM/NOVO'라는 미국 선교단체에서 '미셔널 여정'(Missional Pathway)이라는 4단계 과정의 프로그램을 내놨다. 필그림선교교회는 이를 도입해 성도들이 미셔널 라이프를 살도록, 교회가 미셔널 처치로 변화되도록 활용하기 시작했다. 4단계 과정 중 '일깨워라'(Awaken)와 '행동하라'(Activate)의 두 단계는 미셔널 라이프 워크숍이다. 1년 반 전에 시작했는데 미셔널 라이프 워크숍을 통해 자신의 소명을 발견하고 선교적 삶을 사는 사람들이 계속 늘어나고 있다.

한 성도는 하나님 나라를 위해 할 수 있는 소명을 다음과 같이 발견하고 실천한다.

"어릴 때 남미에 이민을 가서 배운 스페인어를 사용해 히스패닉 이민자들과 축구를 하고 식사하면서 교제하고 있습니다. 특히 막노동하는 히스패닉 이민자의 고민을 들어 주고 문제를 해결해 줄 방법을 찾고 있습니다. 개인적으로 가까워져 마음의 문을 열면, 성령님의 인도에 따라 복음을 전하고 예수님을 영접하도록 돕고 예수님의 제자가 될 수 있도록 격려하고 있습니다."

한 성도는 주님에게서 멀어진 사람들이 돌아오도록 섬기는 소명을 발견했다.

"주변에 상처 입고 주님을 떠난 사람, 50대가 돼 주님으로부터 멀어진 삶을 후회하면서 기도를 해 달라고 요청하는 친구들, 주님이 돌아오길 기다리는 영혼을 위해 기도하고 있습니다. 지속적인 관계를 통해 주님께서 그들을 사랑하시며 포기하지 않고 계심을 알리고 있습니다. 그래서 주님과의 관계가 회복되도록 돕습니다."

예수 그리스도 안에서 우리를 구원하신 하나님의 목적에 맞춰 사는 삶보다 더 가치 있고 보람 있는 삶은 없다. 미셔널 라이프를 살아가는 성도는 에베소서 2장 10절 말씀을 사랑하며 그 의미를 늘 되새긴다.

"우리는 그가 만드신 바라 그리스도 예수 안에서 선한 일을 위하여 지으심을 받은 자니 이 일은 하나님이 전에 예비하사 우리로 그 가운데서 행하게 하려 하심이니라."

● 양춘길 목사와 성도들이 2019년 8월 미국 뉴저지주 필그림선교교회 티넥선교센터에서 '미셔널 여정' 워크숍을 진행하고 있다.

미셔널
처치를
꿈꾸라

chapter 21

지도자가 먼저 변해야 한다

하나님이 일하시는 방법 따라 이끄는 '선교적 리더십' 갖추라

많은 교회가 '미셔널 처치'(선교적 교회)에 관심을 갖고 기존 교회에서 선교적 교회로 변화하기 위해 노력한다. 선교적 교회로 변화되려면 먼저 목회 리더십이 변해야 한다.

선교적 지도자란 어떤 사람인가. 대형 교회로 성장시키는 목회자인가. 아니면 선교 프로젝트 추진에 능한 행정가인가. 먼저 선교적 리더십이 아닌 것을 짚어 보자.

첫째, 선교적 리더십은 한 교회의 양적 성장에 대한 것이 아니다.

대형 교회나 교회 성장을 반대해서 하는 말이 아니다. 교회는 계속 개척돼야 하고 또 성장해야 한다. 그러나 꼭 교회의 양적 성장을 이루는 것이 선교적 리더십은 아니다.

둘째, 선교적 리더십은 단순히 성도들이 선교하며 살도록 가르치는 것이 아니다. 물론 선교적 교회에 대해 설교하고 가르치는 것도 필요하다. 그러나 말하고 가르치는 것만으로는 부족하다.

셋째, 선교적 리더십은 봉사와 선교 프로젝트를 만들고 필요한 사람들을 동원하는 것이 아니다. 적지 않은 목회자와 교인들이 선교적 교회를 선교 사업과 프로젝트의 많고 적음으로 평가한다. 물론 교회가 함께하는 봉사와 선교 프로젝트를 만들고 교인들의 참여를 권장해 사역을 해야 할 필요가 있다. 그러나 선교적 리더십은 교인들에게 다양한 사역을 위한 '해야 할 일' 목록을 제시해 선교적 행위를 권장하는 게 아니다.

그렇다면 선교적 리더십은 무엇인가. '선교적'이란 전적으로 하나님에 관한 것이다. 선교는 하나님이 시작하시고 하나님이 진행하시며 또한 그분이 마무리하시는 것이다. 우리의 선교는 하나님의 때, 우리가 예수 그리스도 안에서 하나님과 연합함으로 시작된다. 이미 진행되고 있는, 만물을 새롭게 하시는 하나님의 선교가 이제 하나님과 연합된 우리를 통해서도 펼쳐지게 되는 것이다. 그러므로 선교적 리더십은 하나님께서 우리 가운데, 그리고 우리 주변에서 행하시는 일에 관심을 기울이고 그분의 일에 참여하는 것이다. 그리고 다른 사람들도 함께할 수 있도록 공간을 제공하는 것이다.

그러므로 선교적 리더십은 먼저 하나님께서 이미 하고 계시는 일에 순수한 관심을 기울이는 것이다. 그것이 예수님께서 하신 말씀이다.

> "그러므로 예수께서 그들에게 이르시되 내가 진실로 진실로 너희에게 이르노니 아들이 아버지께서 하시는 일을 보지 않고는 아무 것도 스스로 할 수 없나니 아버지께서 행하시는 그것을 아들도 그와 같이 행하느니라."(요 5:19)

하나님은 살아 계시고 항상 일하신다. 그러므로 리더의 우선순위는 하나님이 하시는 일에 관심을 기울이는 것이다. '하나님은 내 삶의 영역에서, 내 주변 지역사회에서 어떤 일을 행하고 계시는가?' 이 물음에 답을 얻기 위해서는 주변 사회를 선교적 안목으로 바라보고 주변 사람들의 이야기를 선교적 관심을 갖고 들어야 한다. 하나님은 지금 사람의 마음을 어떻게 움직이시는지, 지역사회가 어떤 새로운 변화와 위기상황을 겪게 하시는지 관심을 기울여야 한다. 하나님께서 어떤 새로운 일을 이미 주변 사회에 시작하셨는지에 관심을 기울이는 것이다. 그리고 하나님이 하시는 일로 보이는 그 일에 적극 참여하는 것이다.

좋은 예가 코로나 팬데믹이다. 코로나바이러스가 어떻게 시작됐고 언제 소멸할지 우리는 모른다. 그러나 하나님은 코로나 팬데믹 상황 가운데 일하고 계신다. 인간의 연약함과 무기력함을 경험하면서 적지 않은 사람들이 두려움과 불안에 빠져 있다. 마음의 평안과 내일의 희망을 찾고 있다. 미국만 하더라도 삶의 참가치와 목적을 다시 생각하면서 교회를 떠났던 사람들이 하나님을 다시 찾기 시작한다. 하나님을 부인하던 사람들이 신앙에 관심을 보인다. 하나님께서 사람들의 마음을 두드리며 그들의 영혼을 일깨우고 계심을 볼 수 있다.

이처럼 하나님이 하시는 일을 알게 된 후에는 그 일에 적극 참여하는 것이다. 이때 중요한 것은 하나님이 일하시는 방법에 따라 참여하는 것이다. 선교적 리더십은 하나님의 일을 떠맡아 우리 생각과 방법대로 하는 것이 아니다. 하나님의 뜻과 방법을 따라 참여해야 한다. 예수님이 보여주신 것같이 자신을 비우고 낮아져 섬기며 사랑과 희생으로 하는 것이다.

예수님은 "누구든지 나를 따라오려거든 자기를 부인하고 자기 십자가를 지고 나를 따를 것이니라"(마 16:24)고 말씀하셨다. 사도 바울도

"너희 안에 이 마음을 품으라 곧 그리스도 예수의 마음이니 그는 근본 하나님의 본체시나 하나님과 동등됨을 취할 것으로 여기지 아니하시고 오히려 자기를 비워 종의 형체를 가지사 사람들과 같이 되셨고 사람의 모양으로 나타나사 자기를 낮추시고 죽기까지 복종하셨으니 곧 십자가의 죽으심이라"(빌 2:5~8)고 했다.

그러므로 선교적 리더십은 하나님이 지금 어떻게 일하고 계시는지 관심을 기울이는 것이다. 하나님이 이미 시작하신 일에 예수님이 보여주신 성육신적 방법으로 참여하는 리더십이다. 그것은 우리가 하나님을 위해 무엇을 시작하고 결과를 만들어 내는 것이 아니다. 하나님이 시작하신 일에 "아멘"으로 참여하며 자신을 그분께 드리는 것이다. 그것이 선교적 리더십이다.

● 미국 뉴저지 한인교회 목회자들이 2019년 11월 미국 뉴저지주 팰리세이드 파크에 위치한 네이버 플러스 봉사센터에서 선교적 교회의 연합운동인 '러브 뉴저지' 월례 기도모임을 갖고 있다.

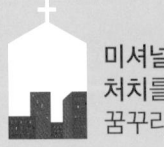

chapter 22

나부터, 우리 교회부터
어려울수록 남 탓 말고
자신 먼저 희생하며 복음 실천해야

요즘 불만과 비난의 소리가 많이 들려온다. 정부와 사회를 향해, 교회를 향해, 서로를 향해 비판하는 소리가 커지고 있다. 지도자가 없다고, 변질됐다고, 말세라고, 심지어는 망할 세상이라고 개탄한다. 그 어느 때보다 연합이 필요한 이때 오히려 더 분열되고 있어 안타깝기 그지없다. 한국 교회뿐만 아니라 미주 한인교회도 성장이 둔화 내지 감소하기 시작했고 젊은이들이 교회를 떠나고 있다. 기독교가 사회의 지탄을 받고 있다. 코로나 팬데믹으로 말미암아 미래는 더욱 암울하다.

이때는 더욱 교회들이 연합해 함께 기도하며 지혜를 모으고 진리와 사랑으로 온 인류의 참 소망이신 예수 그리스도의 빛을 비춰야 할 때가 아니겠는가. "평안의 매는 줄로 성령이 하나 되게 하신 것을 힘써 지키라"(엡 4:3)는 말씀이 더욱 생각난다. 그러나 잘못되는 일 앞에 모두가 내 책임, 내 잘못이 아니라 다른 사람의 잘못이라고 한다. 아무개의 탓으로 돌리는 우리 자신의 모습에 더욱 심각한 문제가 있는 것 아닌가.

어느 빈들에 수많은 사람이 모여 있었다. 식사 때가 지난 지 오래돼 모두가 허기진 상태였다. 그런데 놀라운 기적이 일어났다. 불과 떡 다섯 개와 물고기 두 마리를 손에 들고 기도하신 예수님이 떡을 떼어 나누어 주실 때 오천 명이 훨씬 넘는 무리의 주린 배를 다 채우고도 남게 됐다.

이 놀랍고 기이한 기적이 어디서부터 일어났는가. 한 어린 소년이 자기가 가져온 도시락을 주님께 드림으로 시작됐다. 그 소년은 누군가 먼저 해 주기를 기다리지 않았다. 자기의 배부터 생각하지도 않았다. 필요가 있었기에 기꺼이 자기의 것을 내 드렸다. 자기의 가진 것을 순진하게 예수님께 드린 것뿐이었다. 소년은 다른 사람들을 비난하지 않았다. 한 어린아이의 순수한 드림, 수많은 군중의 필요를 채우는 데 전혀 도움이 안 될 작은 도시락이었으나 그것이 주님의 손에 드려졌을 때 놀라운 하나님의 능력과 기적이 나타났다.

남을 비난하기 전에 내가 먼저 바르게 살아야 한다. 나부터 앞장서 섬기고 사랑의 손을 먼저 내밀고 내 주위부터 밝고 깨끗하게 가꾸는 노력에서 기적과 같은 변화가 일어난다. 큰 일은 부담돼 못하고 작은 일은 눈에 차지 않아 안 한다면 우리는 곧 아무것도 할 수 없는 무능한 인간이 되고 만다. 큰 일을 위해서는 때를 기다리며 힘을 모으고, 우선 내가 할 수 있는 작은 것부터 실행해야 한다. 내가 맡은 역할부터 책임 있게 감당할 때에 참 변화와 열매를 보게 된다.

그 소년이 '훗날 어른이 되면 예수님을 위해 많이 드리며 봉사하겠다'고 생각했다면 혼자 도시락을 먹고 돌아갔을 것이다. 기회는 항상 주어지는 것이 아니다. 일할 기회, 사랑할 기회, 봉사할 기회, 전도할 수 있는 기회도 마찬가지다. 그러므로 성경은 말한다. "세월을 아끼라 때가 악하니라."(엡 5:16) 주어진 기회를 최선의 것을 위해 사용하라는 말씀이다. (Making the most of every opportunity)

예수님께 보리떡 다섯 개와 물고기 두 마리를 가져왔던 그 소년은 비록 지극히 적은 것이었으나 기회가 주어졌을 때 이 일을 했고 그 결과 놀라운 기적의 도구가 됐다.

우리가 사는 가정과 사회, 교회는 이런 변화의 불씨를 가져다줄 사람이 필요하다. 문제가 있다고 떠드는 소리, 불평과 비난의 소리는 이미 필요 이상으로 나와 있다.

우리에게 정작 필요한 것은 문제 해결을 위해 자신이 할 수 있는 작은 일부터 시작하는 사람이다. 모든 문제를 남의 탓으로 돌리기 전에 가정과 교회와 사회의 일원으로서 공동 책임감을 갖고 내가 할 수 있는 일부터 조용히, 그리고 성실하게 행하자. 주님께서는 그런 사람을 놀라운 변화와 기적의 도구로 사용하실 것이다.

미셔널 처치 운동도 마찬가지다. 하나님의 나라를 땅끝까지 확장하는 위대한 하나님의 선교는 대형 교회의 자원이나 영향력 있는 지도자들의 단합으로 성취하는 것이 아니다.

물론 인적·물적 자원을 동원해 가시적인 선교 프로젝트를 성공적으로 해낼 수는 있을 것이다. 그러나 죄와 허물로 죽었던 사람들이 새 사람으로 다시 태어나는 참 구원과 변화의 열매는 오직 성령의 역사하심을 통해 나타나는 하나님의 능력으로만 가능하다.

그러기에 주님은 미셔널 처치 운동을 시작하시면서 제자들에게 말씀하셨다.

"오직 성령이 너희에게 임하시면 너희가 권능을 받고 예루살렘과

온 유대와 사마리아와 땅 끝까지 이르러 내 증인이 되리라 하시니라."(행 1:8)

미셔널 처치 운동은 예수님의 제자인 우리 각 그리스도인이 자기 삶의 영역에서 선교사적 삶을 신실하게 살아내는 것이다. 성령 안에서 내가 먼저 변화되고 겸손히 낮아져서 사랑으로 이웃을 섬기며 자신을 내어주는 희생으로 예수의 복음을 일상에서부터 살아내는 것이다.

'예수라면 어떻게 했을 것인가'(What Would Jesus Do)의 질문을 날마다 던지자. 작은 것에서부터 예수님의 발자취를 따라가자. 모든 씨보다 작은 겨자씨가 훗날 커서 나무가 돼 공중의 새들이 와서 그 가지에 깃들었던 것을 상고하면서 말이다. (마 13:31~31)

● 미국 필그림선교교회 성도 등이 2020년 6월 미국 뉴저지주 팰리세이드 파크에 위치한 네이버 플러스에서 노숙자 점심 후원사역을 앞두고 기도하고 있다.

chapter 23

코로나19, 변화의 촉매제
코로나 팬데믹에
온라인 사역·IT 선교는 선택 아닌 필수

요즘 '시대를 BC(Before Corona)와 AC(After Corona)로 구분해야 한다'는 말을 듣는다. 사회 전반적으로 코로나19 이전과 이후가 현저하게 달라졌다는 말이다. 전문가들은 싫든 좋든 코로나 팬데믹은 4차 산업혁명을 급격히 앞당기는 촉매제가 될 것이라고 내다본다. 코로나19가 촉매제 역할을 하는 것은 교회에도 현저하게 나타나고 있다.

성공주의에 빠져 더 많이 모이고 더 크게 예배당을 짓고 더 다양한 행사와 프로그램을 만들면서 개교회 성장을 추구하던 교회의 발걸음을 코로나19가 멈춰 서게 했다. 그동안 말은 해 왔으나 실제적인 변화가 미미했던 부분에 관심과 노력을 쏟게 했다. 그중 가장 먼저 일어난 변화가 비대면 예배다.

필그림선교교회도 지난 3월 중순부터 예배 등 교회 내 모든 모임이 중단됐다. 미국 뉴저지주 정부가 코로나바이러스 확산으로 인한 록다운(Lock down)을 선언했기 때문이다. 다른 교회와 다름없이 우리도 서둘러 주일예배, 새벽기도회, 각종 회의 등을 온라인으로 준비하기 시작했다. 여러 번의 시행착오를 거치면서 온라인 예배를 안정적으로 드리게 됐고 8개월이 지난 지금은 주일예배, 주일학교 예배, 각종 성경공부, 기도회와 소그룹 모임을 온라인으로 진행하고 있다.

확진자 수가 줄어들면서 제한된 수의 성도들이 교회에 나와 현장 예배도 함께 드리지만, 여전히 대부분의 교인은 온라인으로 예배를 드린다. 온라인 예배는 코로나 팬데믹과 함께 생겨난 것이 아니다. 벌써부터 인터넷 처치, 새틀라이트 처치, 온라인 처치 등이 생겨나면서 영상예배가 발전해 오고 있었다. 적지 않은 교회가 주일 기존 예배시간 영상을 사용해 오고 있었다. 인터넷을 통해 실시간 또는 녹화된 예배를 송출하고 있었다. 그런데 코로나 팬데믹으로 인해 이제는 모든 교회가 온라인 예배를 드리지 않을 수 없게 됐다. 좋든 싫든 코로나가 촉매제가 돼 인터넷 활용과 온라인 예배의 변화에 가속도가 붙었다.

현실적으로 온라인 예배와 현장 예배를 병행해야 한다는 사실을 인식하게 된 많은 교회가 이제는 온라인 예배의 저변 확대와 질적 향상, 창의적인 콘텐츠 제작에 많은 지원과 노력을 기울이고 있다. 시간과 공간을 초월해 사람들에게 다가갈 수 있는 것이 온라인의 특성이고 강점이다. 나 자신도 코로나 팬데믹으로 유튜브를 비롯한 다양한 인터넷 채널을 접하게 됐다.

특히 그것이 얼마나 치밀하고 강렬하게 전 세계 사람들의 생각과 생활에 침투해 들어가 문화, 경제, 사회, 정치, 교육, 윤리와 신앙에 영향을 주고 있는지를 피부로 느끼면서 심각한 우려와 영적 위기를 느꼈다. 인터넷 문화, 유튜브와 같은 영상 문화가 온 세상을 이미 장악하고 있는 현실을 대하면서 '그동안 우리 교회는 뭐 하고 있었는가' 하는 자책이 들었다. 시간과 공간을 초월하는 인터넷상에서 이미 영적 전쟁이 치열하게 진행되고 있음을 보면서 오늘의 교회, 특히 미셔널 처치를 꿈꾸는 교회들에게 있어 온라인 사역과 IT(정보기술) 선교는 더 이상 선택이 아니라 필수임을 깨달았다.

이번 기회에 확실하게 변화해 영적 싸움에 대처하도록 하나님께서 코로나를 촉매제로 주셨다는 생각이 든다. 하나님의 나라를 확장하는 교회의 본질적 사명을 위해서 말이다.

코로나19는 예배뿐 아니라 다른 면에서도 촉매제가 되고 있다. 예배와 기도로 가정을 세우는 일, 잘 모일 뿐 아니라 건강하게 흩어지는 교회, 전략적 전도와 선교, 건강한 영성과 제자훈련, 삶을 나누는 소그룹 사역, 하나님의 나라를 위한 교회의 연합 등 미셔널 처치를 위한 원칙과 방법이 이번 코로나 팬데믹으로 그 필요성이 더욱 확고해졌다. 변화의 속도도 붙게 됐다.

하나님께서 지금까지 크고 많고 화려한 것을 추구해 온 교회에게 코로나바이러스를 통해 주시는 메시지는 무엇일까. 작은 단위에 충실하고 낮아져 겸손히 이웃과 지역사회를 섬기는 미셔널 처치로 거듭나라는 것이다. 한 사람 한 사람을 그리스도의 신실한 제자로 세우고, 가정에서부터 예배와 신앙교육을 하라는 것이다. 흩어져 살아가는 삶의 영역마다 그리스도의 사랑과 복음의 영향력으로 변화를 일으키는 선교적 삶을 살아가는 교회와 개인이 되라는 하나님의 섭리를 깨닫는다.

> "우리가 그를 전파하여 각 사람을 권하고 모든 지혜로 각 사람을 가르침은 각 사람을 그리스도 안에서 완전한 자로 세우려 함이니 이를 위하여 나도 내 속에서 능력으로 역사하시는 이의 역사를 따라 힘을 다하여 수고하노라."(골 1:28~29)

● 양춘길 미국 필그림선교교회 목사 (윗줄 왼쪽 두 번째)가 지난 5월 파송 및 후원선교사들과 함께 화상회의를 하고 있다.

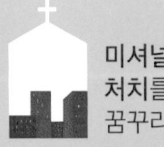

chapter 24

우선순위 재정렬
리더는 선교하는 삶의 모범으로
성도가 리더 되도록 인도해야

"모든 사람은 세상을 바꾸려 할 뿐 스스로를 바꾸려 하지 않는다." 러시아의 문호 톨스토이가 남긴 유명한 말이다.

어떤 조직의 변화와 그 조직 구성원 개개인의 변화는 결코 뗄 수 없는 불가분의 관계에 있다. 특히 기존 조직에서 영향력 있는 위치의 리더가 먼저 변하지 않고는 공동체가 추구하는 변화를 만들 수 없다. 마찬가지로 기존 교회가 미셔널 처치로 변화하기 위해서는 먼저 교회 목회자와 평신도 리더가 변해야 한다. 대부분의 교회는 이미 많은 집회와 행사, 프로그램과 사역들로 시간에 쫓기고 있다. 미셔널 처치로 전환하는 리더십을 발휘하기 위해서는 우선순위의 재정렬이 절대적으로 필요하다.

첫째, 하나님은 선교의 하나님이신 것에 대한 분명한 이해와 고백이 우선돼야 한다. 창조로 시작된 인류 역사는 그리스도의 재림으로 끝이 난다. 즉 창세기에서 요한계시록까지 성경의 핵심은 인간을 구원하시려는 하나님의 선교적 계획과 활동이다. 그러므로 우리가 믿는 하나님은 선교의 주체이시고 선교의 하나님이시다.(God is a missionary God) 하나님의 미션은 우리 인간을 죄와 사망에서 구원하시고 하나님의 나라를 완성시키시는 것이다. 미셔널 리더십은 삼위일체(성부, 성자, 성령)의 하나님이 선교의 하나님이신 것을 항상 강조한다.

둘째, 미셔널 리더는 자신이 먼저 하나님의 선교에 참여하는 본을 보인다. 교회가 미셔널 처치로 전환되고 성도들이 미셔널 라이프를 살아가는 변화가 일어나려면 교회의 리더가 먼저 개인적으로 선교적 삶을 사는 본을 보여야 한다. 남보다 앞장서서 모범을 보이는 리더가 진정한 변화를 만들어 가는 것은 인간사의 보편적 특징이다. 알베르트 슈바이처 박사는 영향력에 대해 이런 말을 했다. "모범을 보이는 것은 다른 사람에게 영향을 미치는 가장 좋은 방법이 아니다. 그것은 유일한 방법이다."

목회자 자신이 먼저 미셔널 라이프를 살며 선교 사역에 참여하는 모범을 보일 때 교인들의 신뢰를 얻게 된다. 예수님의 가르침은 그분의 삶을 통해 그대로 실천됐기에 수많은 사람이 그를 따랐고 오늘 우리도 그분을 믿고 따르는 것이다.

셋째, 교인들도 하나님의 선교에 참여하도록 그들을 인도한다. 리더가 삶으로 본을 보이면서 미셔널 처치의 비전을 제시하고 교육하며, 그들을 실제적인 선교적 삶으로 초청하는 것이다.

이는 교회가 원하는 프로그램이나 프로젝트에 참여하는 것이 아니다. 하나님께서 성도 각자를 하나님의 선교에 참여하도록 부르신다는 것을 확신시켜 주는 것이다. "아버지께서 나를 보내신 것같이 나도 너희를 보내노라"(요 20:21)고 말씀하신 주님께서 우리를 구원하시고, 제자 삼아 주시고 또한 우리를 보내셔서 하나님의 선교에 참여하게 하시는 것이다.

사람들이 원하는 일, 교회가 만든 선교 사역, 목사가 주도하는 프로젝트에 참여하는 것이 아니다. 성도 각자가 보냄을 받은 선교사의 정체성을 갖고 주어진 선교지 곧 자기 삶의 영역에서 하나님의 선교에 참여하는 것이다. 미셔널 리더는 성도들이 하나님의 부르심과 보내심에 순종해 미셔널 라이프를 살도록 교육하고 도전하고 훈련하는 것이다.

마지막은 미셔널 라이프를 사는 성도들을 미셔널 리더로 세우는 것이다. 즉, 그들이 다른 사람을 그리스도의 제자로 삼고 그들에게 미셔널 라이프의 본을 보임으로써 미셔널 라이프를 사는 그리스도인을 재생산하도록 하는 것이다.

> "그러므로 너희는 가서 모든 민족을 제자로 삼아 아버지와 아들과 성령의 이름으로 세례를 베풀고 내가 너희에게 분부한 모든 것을 가르쳐 지키게 하라."(마 28:19~20)

미셔널 리더십은 교회의 본질적 사명을 위해 위와 같은 우선순위를 두고 리더십을 발휘하는 것이다. 이미 목회적으로 하는 모든 일이 좋은 일, 또 필요한 일들이다. 그러나 진정한 미셔널 처치로 거듭나기 위해서는 그 모든 일의 우선순위를 재정렬하고 초점을 맞추어 교회가 한 방향을 향해 나가도록 이끄는 미셔널 리더십이 필요하다.

지금 우리는 코로나 팬데믹 후에 펼쳐질 뉴노멀(New Normal)을 대비해야 한다. 코로나19 사태라는 새로운 일상은 문화의 재출범을 가져올 것이다. 아니 이미 시작됐다.

리더십의 재출범, 사역의 재출범, 건물과 시설 사용의 재출범이 요구된다. 이때 교회 본질에 충실한 미셔널 리더십을 발휘해 영적 추수와 하나님 나라의 확장을 왕성하게 이뤄 가는 미셔널 처치를 추구해야 한다.

● 양춘길 필그림선교교회 목사와 성도들이 2018년 8월 미국 뉴저지주 리틀페리에 있는 맘스미션 주차장에서 바자회를 개최하기 전 기도회를 갖고 있다

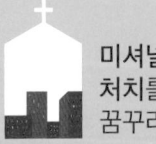

chapter 25

성령이 너희에게 임하시면

성령 도움으로 하나님 나라 확장…
선교하는 삶의 사명

미셔널 처치 운동은 하나님 나라 운동이다. 예수께서 육신을 입고 이 땅에 오신 성육신의 사건과 함께 시작된 하나님 나라의 확장 운동이다.

"이르시되 때가 찼고 하나님의 나라가 가까이 왔으니 회개하고 복음을 믿으라"(막 1:15)고 외치시며 시작하신 십자가와 부활의 복음 운동이요, 영혼 구원을 통한 하나님 나라 확장이다. 이는 곧 '하나님의 선교'(Missio Dei)이고 성자 예수 그리스도는 그 목적을 위해 성부 하나님의 보내심을 받아 이 땅에 오셔서 하나님 나라 운동을 시작하셨다.

그는 제자들을 불러서 미셔널 공동체를 형성하셨다. 성부 하나님께로 돌아가시기 전 땅끝까지 하나님 나라가 확장되는 꿈을 제자들에게 심어 주시며 그들을 보내셨다.

"오직 성령이 너희에게 임하시면 너희가 권능을 받고 예루살렘과 온 유대와 사마리아와 땅끝까지 이르러 내 증인이 되리라 하시니라."(행 1:8)

승천하신 예수 그리스도가 주신 하나님 나라의 꿈을 품고 마가의 다락방에 모여 오로지 기도에 힘쓰던 제자들에게 약속하신 성령이 강림했고 곧 예루살렘 교회가 탄생했다.

그러므로 교회는 예수께서 육신을 입고 이 땅에 오셔서 시작하신 하나님 나라의 운동을 지속해 나가는 또 다른 그리스도의 몸이다.

"너희는 그리스도의 몸이요 지체의 각 부분이라."(고전 12:27)

성부 하나님께서 성자 예수 그리스도를 보내셨고 성부와 성자 하나님께서 성령을 보내셨다. 성부와 성자, 성령 하나님께서 교회를 보내셔서 하나님 나라 운동을 땅끝까지 펼쳐 가고 있다. 그러므로 교회는 하나님 나라 확장을 위한 미셔널 공동체이며, 오직 성령의 도우심으로 그 사명을 성취하는 성령 공동체다.

우리 그리스도인은 그 사명을 위해 부르심을 받고 또 보내심을 받은 미셔널 공동체의 일원이다. 그러므로 교회는 미셔널 공동체로서 이 땅에 존재한다. 그 공동체를 이루는 그리스도인은 미셔널 처치 운동, 곧 하나님 나라 운동에 참여하는 사람들이다.

필그림선교교회는 하나님 나라를 위해 이 땅에 존재한다. 성도들의 일상이 있는 미국 뉴저지가 우리의 선교지임을 분명히 인식한다. 이런 정체성 아래 '지금 여기에서부터'(Here and Now)라는 미셔널 처치의 꿈을 펼쳐 가는 '비전 2030'을 세우고 향후 10년의 미셔널 라이프를 시작했다.

필그림 미션선언문은 다음과 같다.

"필그림선교교회는 미셔널 처치로서 모든 언약교인이 선교적 삶을 살아갑니다. 안으로는 '은혜와 사랑의 동산'(은사동)의 일원이 되어 그리스도의 인격에서 자라 가고, 밖으로는 선교적 사역팀의 동역자가 되어 복음의 능력과 예수의 사랑으로 이웃을 섬김으로 만물을 새롭게 하시는 하나님이 선교에 참여합니다."

2030 목표는 언약교인 50%가 미셔널 라이프를 살고 70%가 은사동에 참여하며 100개의 선교적 사역팀을 세우는 것이다.

예수님은 40일 동안 광야에서 금식하며 기도하시고 천국 복음의 사역을 시작하셨다. 그는 새벽 미명에 깨어 기도하시며 하루를 시작하셨고 기도로 하루를 마치셨다. 그는 하나님의 나라가 임하기를 간구하는 주기도문을 가르쳐 주셨고, "기도 외에 다른 것으로는 이런 종류가 나갈 수 없느니라"(막 9:29)고 말씀하셨다. 예수님은 겟세마네 동산에서 땀이 핏방울이 돼 떨어지도록 힘써 기도하시며 십자가를 받아들임으로 온 인류의 구원과 부활, 곧 하나님 나라의 승리를 선포하셨다. 보내심을 받은 사도들 역시 오로지 기도에 힘쓰는 가운데 약속하신 성령의 강림과 권능에 힘입어 예수의 산증인이 되는 미셔널 라이프, 미셔널 교회를 세워 나갔다.

"오직 성령으로 충만함을 받으라"(엡 5:18)고 명령하시는 하나님이 "모든 기도와 간구를 하되 항상 성령 안에서 기도하고 이를 깨어 구하기를 항상 힘쓰며 여러 성도들을 위하여 구하라"(엡 6:13)고 말씀하신다. 하나님의 미션은 오직 성령의 도우시는 능력으로 성취된다는 것을 주님께서 보여 주셨고 말씀해 주셨다. 그러므로 땅끝까지 하나님의 나라를 세우는 미셔널 처치의 꿈을 갖고 미셔널 라이프를 살아가는 사람마다 새벽을 깨우며 겸손히 기도의 무릎으로 먼저 하나님께 나아간다.

"(그들이) 더불어 마음을 같이 하여 오로지 기도에 힘쓰더라."(행 1:14)

지금까지 '미셔널 처치를 꿈꾸라'를 통해 나눈 미셔널 처치의 이야기는 하나님 나라를 꿈꾸며 그 꿈을 땅끝까지 실현하기 위해 '지금 여기에서부터' 미셔널 라이프를 사는 그리스도인의 이야기이다. 초대교회 사도들로부터 시작된 미셔널 라이프, 미셔널 처치의 이야기는 모든 민족에게 구원의 복음이 전파되는 그날까지 계속되고 또 계속될 것이다. 하나님의 선교가 완성되는 그 날, 땅끝까지 하나님의 나라가 온전히 이루어지는 그 날까지 말이다.

"이 천국 복음이 모든 민족에게 증언되기 위하여 온 세상에 전파되리니 그제야 끝이 오리라."(마 24:14)

● 2019년 8월 고등부 학생이 멕시코 유카탄에서 단기선교 때 현지 어린이와 함께했다.

나가는 글

미셔널처치는 어떤 교회인가? 미셔널 라이프를 사는 사람들의 공동체입니다. 지금 내가 살아가는 삶의 현장이 하나님이 나를 보내신 선교지임을 인식하고, Here and Now, 내 집 주변에서, 일터에서, 학교에서, 지역사회에서 오늘 선교사적 삶을 사는 것이 미셔널 라이프입니다. 그러므로 미셔널 처치에는 선교적 일상을 살아가는 사람들의 이야기, 선교적 비전과 사역, 그리스도의 사랑과 복음의 선한 영향력과 변화의 이야기가 더해갑니다.

선교적 삶의 이야기들을 '미셔널 처치를 꿈꾸라'에 담는 과정에서 필자의 마음은 먼저 하나님께 대한 감사로 넘쳤습니다. 지나온 목회의 여정 가운데 "모든 것이 합력하여 선을"(롬 8:28) 이루게 하시는 하나님의 손길을 느끼는 시간이었기 때문입니다. 성경대로 살기 위해 동성애를 인정하고 옹호하는 교단을 탈퇴하는 과정에서 교회 건물, 은행 계좌 및 교회의 이름까지 잃어버리는 고통과 시련이 있었으나 하나님은 그것을 통해 교회의 본질을 회복하는 미셔널 처치로 더욱 든든히 서게 하셨습니다. 교회 건물이 없이 2000여 성도들이 근 3년 동안의 광야와 같은 순례 여정을 지나면서 오히려 하나님 나라의 꿈, 미셔널 처치를 꿈꾸게 하셨고, 미셔널 라이프의 주인공들로 변화시키시고 계십니다. 520만을 웃도는 사망자(2021년 11월 28일 현재)를 낸 코로나19 팬데믹 중에 '교회는 건물이 아니고 사람'이라는 것을 더욱 확고히 하며 '미셔널 처치를 꿈꾸라'의 원고를 쓰게 하셨습니다. 또한 코로나19 팬데믹 중에 교회가 새 건물을 구입하는 기적을 행하셨고, 지역사회를 섬기는 선교센터로 준비되게 하신 하나님께 모든 감사를 올려 드립니다.

돌아보면 하나님의 주권적인 다스림과 인도하심 가운데 오늘에 이르게 됨을 겸손히 고백하지 않을 수 없습니다. 1997년, 이 땅에 필그림교회를 세우시고 지난 24년 동안 필그림을 통해 세우신 기관들— 네이버 플러스, 디딤돌 아카데미, 맘스 미션, 뉴저지실버선교회, 러브 뉴저지, Global United Mission(GUM) 등은, 마치 그림 조각(picture puzzle)들이 맞추어지듯, 하나님의 계획 안에 미셔널 라이프를 위한 플랫폼들로 앞서 준비된 선교적 기관들임을 깨닫게 되었습니다. 미셔널 처치를 꿈꾸는 교회들과 성도들이 초교파적으로 이 기관들의 사역에 참여하며 더 큰 하나님 나라의 꿈을 꾸며 미셔널 라이프를 함께 살아내고 있습니다. 하나님께서 이 모든 일을 계획하시고 주권적으로 진행시켜 오셨음을 고백하며 감사에 이어

겸손한 마음을 갖게 되었습니다.

　어제에 대한 감사와 오늘의 겸손은 내일에 대한 확신으로 이어짐을 고백합니다. 이 책의 출간은 끝이 아니라 시작입니다. 미셔널 처치의 꿈은 갈수록 커질 것이기 때문입니다. '미셔널 처치를 꿈꾸라'를 탈고하기 전에 새로운 하나님의 선교 이야기가 미국 내 난민선교, 뉴저지 크리스천 아카데미를 통해 계속되고 있습니다. 우리 가운데, 우리를 통해서 펼쳐지는 하나님의 선교는 그 분의 부르심에 믿음으로 응답하며 하나님의 나라를 위해 헌신하는 사람들이 미셔널 이야기의 주인공이 되어 계속 퍼져 나갈 것입니다.

　인본주의와 종교 다원주의, 코로나19 팬데믹과 목회 환경의 변화, 그리고 앨빈 토플러의 말과 같이 생물학과 우주산업의 결합인 제4의 물결로 인해 우리가 상상하지 못했던 변화들이 일어나고 있습니다. 그럼에도 불구하고 신실한 그리스도의 교회가 갖는 미셔널 처치의 꿈은 갈수록 커지며, 미셔널 삶의 이야기는 갈수록 더해질 것입니다. 우주 만물을 창조하시고 다스리는 분은 여전히 그리고 영원히 삼위일체 하나님이시기 때문입니다. 그분의 신실하심과 전능하심으로 인하여 그분이 말씀하신 대로 이루질 것을 확신하는 믿음의 사람들로 인하여 미셔널 처치 운동은 땅 끝을 향해 계속 퍼져 나가게 될 것입니다.

"보좌에 앉으신 이가 이르시되 보라 내가 만물을 새롭게 하노라 하시고 또 이르시되 이 말은 신실하고 참되니 기록하라 하시고." (계 21:5)